1898 - Juin 6

Vente des 6, 7, 8, 9 Juin 1898.

ESTAMPES

Me Maurice DELESTRE
COMMISSAIRE-PRISEUR
5, Rue St-Georges, 5

M. Louis BIHN
MARCHAND D'ESTAMPES
69, rue Richelieu et 1, rue Rameau

M. Aug. GEOFFROY

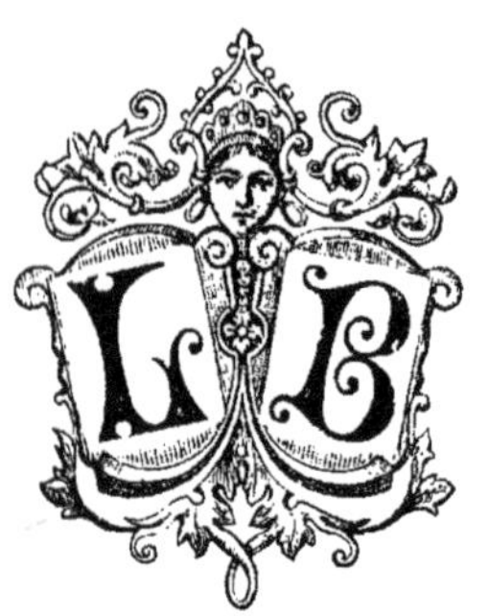

CATALOGUE
D'ESTAMPES
ANCIENNES ET MODERNES
DE L'ÉCOLE FRANÇAISE

Portraits, Vues

COSTUMES CIVILS ET MILITAIRES

Pièces historiques relatives à l'histoire de

LA RÉVOLUTION

Adresses, Caricatures

SPORT, VÉLOCIPÈDES, VOITURES A VAPEUR

DESSINS

ORNEMENTS

DONT LA VENTE AUX ENCHÈRES PUBLIQUES

AURA LIEU

HOTEL DES COMMISSAIRES-PRISEURS, RUE DROUOT, N° 9

Salle N° 10

Les Lundi 6, Mardi 7, Mercredi 8 et Jeudi 9 Juin 1898

à deux heures de l'après-midi.

Me **Maurice DELESTRE,** Commissaire-Priseur, 5, Rue Saint-Georges

ASSISTÉ DE

M. **Louis BIHN,** Marchand d'Estampes, en face la Bibliothèque Nationale,

69, rue Richelieu, et 1, rue Rameau

et de **M. Aug. GEOFFROY.**

EXPOSITION PUBLIQUE : *Le Dimanche 5 Juin 1898*

de deux heures à cinq heures et demie.

CONDITIONS DE LA VENTE

Elle sera faite au comptant.

Les acquéreurs paieront CINQ POUR CENT en sus des adjudications.

L'expert se réserve la faculté de rassembler ou de diviser les lots.

Dès la réception du présent catalogue, MM. les Amateurs pourront visiter les estampes au bureau de l'expert, 1, rue Rameau.

M. Aug. GEOFFROY, chargé de la vente, remplira les commissions que voudront bien lui confier les personnes ne pouvant y assister.

N. B. — *Le nombre des pièces contenues dans les* **lots** *est indiqué en* **chiffres** *au bout de la ligne.*

ORDRE DES VACATIONS

Lundi 6 juin : Portraits. Vues. Estampes historiques. Révolution. Nos 1 à 221

Mardi 7 juin : Estampes de sport. Vélocipèdes. Ornements. Nos 222 à 440

Mercredi 8 juin : Adresses. Caricatures. Dessins. Ecole Française. Nos 441 à 674

Jeudi 9 juin : Ecole Française. Nos 675 à 898

L'ordre du Catalogue sera suivi.

Première Vacation

ALIX (P.-M.)

1 — *Montesquieu*. In-fol., d'après Garnerey. Très belle épreuve en couleur, du 1er tirage.

ANONYME

2 — Gaston (*Custine*), général des Armées chrétiennes. In-12. Portrait ovale, impr. en couleur. Rare.

AUBRY (d'après)

3 — Le Maréchal *Soult*, duc de Dalmatie. In-fol., par Charon. Belle épreuve. En couleur.

4 — Le Colonel *Fabvier*. In-fol., par Charon. Belle épreuve. En couleur. Marge.

BIERMANN (Pierre)

5 — Vue de la Ville et d'une partie du Lac de Zeug. Grand in-fol. Coloriée. Publ. en 1791, par Christian de Méchel.

BONNART (H.)

6 — Henri d'*Harcourt*, Pair et Maréchal de France. — La Princesse d'*Harcourt*. Portraits en pied. In-fol. Belles épreuves. 2

7 — Charles de *Lorraine*, comte de Marsan. — L'illustre Famille de Charles Ve, duc de Lorraine. Portraits en pied. In-fol. Belles épreuves. 2

BRICEAU (Angélique)

8 — *Auber-Dubayet*, général des Armées françaises. D'après J. Boilly. In-fol. Très belle épreuve, avec la 1re adresse : celle de Bance.

BRY (d'après J.-Th. de)

9 — Description des anciens bains Romains. In-fol. obl., par Jaspar Isac. Très belle épreuve, en sanguine.

CALDWALL

10 — *Lavoisier*, célèbre chimiste. Joli portrait médaillon d'après Opie et David. In-fol. Belle épreuve.

CHOFFARD (P.-P.)

11 — Vue de la Ville de Bordeaux et de ses Promenades du côté du château Trompette. — Vue de la Porte et Place Bourgogne sur le Port de la Ville de Bordeaux. Gr. in-fol., d'après le chevalier de Bassemon ; 1755. Belles épreuves. 2

COCHIN (C.-N.)

12 — Le Marquis de *Marigny*. In-4. Très belle et rare épreuve du 1er état, à l'eau-forte pure.

COLLIN (D.)

13 — Vue septentrionale de la Carrière de Nancy. In-fol. Très belle épreuve. Marge.

COLLYER (J.)

14 — François *Pilatre* de Rozier. Buste ovale, d'après J. Russell. In-4. Très belle épreuve.

CONEY (J.)

15 — La cathédrale de Strasbourg. — L'Hôtel de Ville d'Arras. — La cathédrale de Rouen. Gr. in-fol., 1829. Très belles épreuves, sur chine. Marges. 3

COOK (H.-R.)

16 — Le Général *Pichegru*. Buste ovale, in-4. D'après la Comtesse de Tott. Belle épreuve. Marge.

COQUERET (P.-C.)

17 — Le Général *Pichegru*, in-fol., en pied. D'après Hilaire Le Dru. Très belle épreuve.

18 — Le Général *Moreau*, d'après Hilaire Le Dru. Gr. in-fol., en pied. Très belle épreuve, toute marge. Rare.

19 — *Kellermann*. Grand in-fol., en pied, d'après Hilaire Le Dru. Très belle épreuve, toute marge.

DANDELEUX

20 — Le Maréchal *Oudinot*, duc de Reggio. In-fol. D'après Robert Lefèvre. Belle épreuve. Marge.

DREVET (Pierre)

21 — Louis-Antoine de *Noailles*, cardinal et archevêque, in-fol. D'après H. Rigaud (F. D. 101). Superbe épreuve du du 2e état : avant l'adresse de Bligny.

DREVET (P.-I.)

22 — Louise-Adélaïde d'*Orléans*, abbesse de Chelles (F. D. 18). In-fol. Très belle épreuve, avec une grande marge.

DUPLESSIS-BERTHAULT

23 — Projet d'un Monument à la Gloire du Roi, en face de la statue d'Henri IV ; 1789. In-fol. Très belle épreuve.

24 — Colonne de la Grande-Armée. Scène de l'enlèvement des échafaudages. In-fol. D'après le dessin de Zix. Belle épreuve.

25 — Suite des Cris des Marchands ambulants de Paris. — Métiers et petits sujets. 22

GARNERAY (A.-L.), élève de DEBUCOURT

26 — Vue du Port de Lorient. — Vue de Saint-Malo. In-fol. Belles épreuves, dont une en couleur. 2

27 — Vue de la Ville et du Pont de Bordeaux. — Vue de Bordeaux, prise du Marché au bois. In-fol. Belles épreuves. En couleur. Marges. 2

GILLRAY (J.)

28 — La Grande Procession du Couronnement de Napoléon Ier, sortant de la cathédrale de Notre-Dame, le 2 décembre 1804. Gr. in-fol. obl. Très belle épreuve, coloriée.

Curieuse estampe, une des plus humoristiques du maître. Outre les portraits de l'Empereur et de l'Impératrice Joséphine, on y voit figurés les personnages suivants : Prince Louis Bonaparte ; princesses Borghèse, Louise et Joseph Bonaparte ; prince et princesse de Talleyrand ; les généraux Berthier, Bernadotte, Augereau, etc. ; le sénateur Fouché et les dames d'honneur « ci-devant poissardes ».

GOYA (Fr.)

29 — Marguerite d'*Autriche*, reine d'Espagne, mère de Philippe III. In-fol. D'après Vélasquez. Très belle épreuve de ce joli portrait équestre.

GUÉRIN et FIÉSINGER

30 — Les Généraux *Andréossy*, *Le Fèvre*, *Kléber*. Ovales, in-fol. Belles épreuves. Marges. 3

HISTOIRE

31 — Arrestation des Princes de Condé, Conti et Duc de Longueville (18 janvier 1650), et Vue du château de Vincennes, où ils furent enfermés. — Entrée à Paris de Louis XIV et de Marie-Thérèse (26 août 1660). In-fol. 2

32 — Bataille de Fridelingue, gagnée par l'armée du roy, commandée par le marquis de Villars, 14 octobre 1702. — Disposition de la bataille d'Hochstet, le 22 septembre 1703, dans laquelle le général comte de Stirum fut battu par le maréchal de Villars. Gr. in-fol. par Haussard. Belles épreuves. Rares. 2

33 — Histoire de l'Europe en 1747. Suite de 12 gravures par Nilson, représentant les Mois (manque Avril). In-fol. Belles épreuves. Toutes marges. 11

34 — Henri IV et Sully après la bataille d'Ivry. Gr. in-fol., par Laurent, d'après Bounieu. Belle épreuve.

35 — Représentation dans sa vraie grandeur de la Couronne de pierreries qui a servi au Sacre de Louis XV, le 25 octobre 1722. In-fol. Très belle épreuve. Rare.

36 — Monseigneur le Dauphin chassant. Gr. in-fol., par Perrier : publ. à Strasbourg. Très belle épreuve. Marge. Rare.

37 — Monseigneur le Dauphin labourant. Gr. in-fol., par Wachsmuth. Très belle épreuve. Gr. marge. Rare.

38 — Inauguration de Guillaume Ier comme Roi des Pays-Bas à Bruxelles. Septembre 1815. Grand in-fol. Suite de dix estampes par Gibèle, Debucourt et Paul, d'après Leroy. 10

Ce bel ouvrage très rare à trouver complet, contient les pl. suivantes : Entrée de Guillaume Ier dans la ville de Bruxelles, 30 mars 1815. — Cortèges, 21 septembre. 6 pl. — La Place Royale. — Installation des Etats-Généraux. — Te Deum

39 — Louis XVIII et sa famille. — Les Illustres Alliés. Petites gravures publ. en 1815. Belles épreuves. 2

40 — Débarquement de Mgr le Duc de Berry dans le nouveau port de Cherbourg, le 13 avril 1814. In-fol., par Duplessis-Bertaux et Bovinet, d'après Thirat. Belle épreuve.

41 — Cérémonie de la levée de la Fierte par le prisonnier, le jour de l'Ascension, à Rouen. In-fol., par Jacques. Très belle épreuve. Rare.

42 — Siège et prise de la ville de Nice, 1792. — Bénédiction des drapeaux de la Garde nationale au Champ de Mars à Paris, le 7 septembre 1814. In-fol. Images coloriées. 2

43 — Emblème de la Monarchie, dédié à Mgr le Comte de Maurepas. In-fol., par Huault d'après Ph. de Trigant, avocat au Parlement de Bordeaux, 1775. Marge.

44 — Représentation exacte du grand Collier en brillants des Srs Boëhmer et Bassenge. A Paris, chez Taunay. In-fol. Grande marge.

45 — Représentation de l'horrible accident arrivé le 29 août 1647, à Sardam, où un taureau blessa un homme et une femme grosse. Curieuse estampe gravée par Hugo Allardt et accompagnée d'une complainte. Gr. in-fol. Marge.

46 — Vauban au siège de Valenciennes. — Victoire de Catinat à Staffarde. — Combats livrés près de Fribourg en 1643. — Terres de Cambrai respectées par les Anglois. In-fol., en couleur, par Morret d'après Sergent et Desfontaines. Belles épreuves. 4

47 — Explosion de la poudrière. Vienne, 1779. — Explosion d'un bateau chargé de poudre. Leyde, 1807. — Exécution de six criminels à Molhau, 1661. — Exécution de Math. Klostermeyer, à Dillingen en 1771. — Vie de Louis et Othon de Bavière, d'après des tapisseries, etc. In-fol., curieuses pièces. 12

48 — Réception à Ratisbonne, 1662. — Serment d'Erfurt. — Le Duc de Saxe sur son lit de mort. — Le Reichstag, 1663. — Couronnement du roi de Hongrie, 1625. — Couronnement du roi Léopold à Francfort, 1658. — Tournoi politique, etc. In-fol. Intéressantes pièces. 12

49 — Représentation de l'édifice de l'Hôtel-de-Ville de Strasbourg et de l'illumination pour l'arrivée du roy, 1774. Etc. In-fol. 4

50 — Plans de villes et batailles : Namur, Ypres, Malines, Anvers, Bruges, Oudenarde, Wynendale, Maestricht, Eekeren, Newport, Dendermonde ; 1695 à 1708. In-fol., par J. Basire. 12

51 — Le Congrès de Vienne, 1815. In-fol., lith. d'après Isabey. Belle épreuve. Marge.

52 — Tourments des frères de Witt, 1672. — Exécution de Mayer Moses von Grumbach, 1738. — La fameuse comète de 1682. — Cortèges et fêtes. Etc. In-fol., en noir et en couleur. 12

53 — Tableaux des Français. — Allégories à la gloire de Marie de Médicis. — La Famille royale et les Alliées s'occupant du bonheur de l'Europe. In-fol. 12

JANINET

54 — *Dugazon*. D'après Duplessis-Bertaux. — Mme *Vestris*. Portraits in-4, imprimés en couleur. Toutes marges. 2

JEAURAT (d'après)

55 — Déménagement d'un peintre. — La place des Halles. In-fol., par Dullos et Aliamet. Belles épreuves. 2

LE CAMPION

56 — Vues de Paris, rondes, en couleur : N° 32, avant le soleil couchant et avec les petits personnages qui furent changés plus tard. — N° 51, avec les exercices à feu qui furent remplacés par des promeneurs. — N° 52, avec le texte dans l'intérieur de la planche, plus tard reporté au-dessous. Belles épreuves, du 1er état. Rares. 3

LE CAMPION (à Paris chez)

57 — Vues de Paris, rondes, impr. en couleur : Nos 35, 36 et 42. Très belles épreuves du 1er tirage, avec les nuages qui ne se voient plus dans les épreuves postérieures. 3

LE MIRE (N.).

58 — Henri IV et Louis XV. Petits portraits médaillons gravés sur la même planche. In-12. Très belle et rare épreuve, tirée avant que le cuivre ait été coupé pour faire deux portraits. Toute marge.

LEMPEREUR (L.).

59 — P.-L. Buirette *de Belloy*, dans un médaillon soutenu par la France et la Poésie. In-fol., d'après N. Jollain. Belles épreuves, dont une à l'eau-forte pure. 2

LENFANT (Jean)

60 — Louis Montenard de *Lavergne* de Tressan, évêque du Mans. Grand in-fol., d'après J. Dieu Buste fort com me nature. Très belle épreuve.

LE ROY (J.).

61 — Joseph *Bullier*, âgé de 105 ans et cinq mois, né le 6 avril 1673 au bourg St-Maurice en Savoie. In-4, d'après J.-J. Hubert. Belle épreuve.

LE VEAU (J.).

62 — Vue de la Seine proche Meulan. — Le Berger Napolitain. — Le Bain des Villageoises. — Vue des campagnes de Rome. Etc. In-fol. Belles épreuves. Marges. 5

MALBESTE

63 — J. *Forlenze*, chirurgien oculiste de l'Hôtel-Dieu de Paris, inventeur de la Pathologie des yeux sur des masques en cire. Buste ovale, in-4, d'après Judlin. Belle épreuve. Marge.

MASQUELIER

64 — Mort de Pouple, chirurgien de M. de Voltaire. Curieuse caricature in-4.

MASSARD (R.-Urb.)

65 — H.-J.-G. *Clarke*, duc de Feltre, comte d'Hunebourg, ministre de la guerre. In-fol., en pied, d'après Fabre. Très belle épreuve.

MASSON (Ant.)

66 — Marie de *Lorraine*, duchesse de Guise, princesse de Joinville. In-fol., d'après Mignard ; 1684. Très belle épreuve.

MONSALDY

67 — *Augereau*, général de l'armée d'Italie, né en 1757. In-fol., en pied. Très belle épreuve avec la première adresse, celle de Bance.

MONCORNET

68 — Dalice à Alcidor. — Alexis à Damon. Ovales, in-4. Jolis portraits de femmes, curieux pour la coiffure, le costume et la dentelle (Louis XIII). Belles épreuves. Rares. 2

MOREAU-LE-JEUNE

69 — Ouverture des Etats-Généraux à Versailles, le 5 mai 1789 (M. 80). — Constitution de l'Assemblée nationale et Serment des Députés qui la composent (M. 75). In-fol. Très belles et rares épreuves du premier tirage, avec les noms des députés et l'adresse de l'auteur. 2

NAPOLÉON

70 — Bonaparte. In-fol., à la manière noire, par C. Turner, d'après David. Très belle épreuve. Rare.

71 — Napoléon, Ier Empereur des Français et Roi d'Italie, étant 1er Consul, visite et relève le faubourg d'Amercœur de la ville de Liége, incendié en 1793 par les Autrichiens. In-fol., par L. Jehotte, 1804. Belle épreuve.

72 — Poursuite de l'armée russe sous les ordres du général Herman par l'armée française à Bergen (Hollande) le 19 septembre 1799. Gr. in-fol. par Marcus, d'après Langendick. Très belle épreuve.

73 — Bonaparte accompagné du général Berthier après la bataille de Marengo, au moment de la victoire. Gr. in-fol., par Cardon, d'après Boze. Très belle épreuve.

74 — Napoléon taken on the Parade. Petit in-fol., colorié, gravé par J. Wallis, 1808. Belle épreuve. Marge.

75 — *Marie-Louise*, Archiduchesse d'Autriche, Impératrice de France. Petit in-fol., par le baron Aug. Boucher Desnoyers, d'après la miniature de Guérard. Belle épreuve.

76 — S. M. le Roi de Rome. In-fol., par A. Desnoyers, d'après F. Gérard. Très belle épreuve avec le cachet. Toute marge.

77 — Napoleone. Le Masque de l'Empereur. Dessiné et gravé par Calametta (1834), d'après le plâtre original moulé à Ste-Hélène par le Dr Antomarchi. In-fol. Très belle et rare épreuve, avant les marbrures et l'adresse.

78 — Bataille d'Arcis, le 21 mars 1814. Grand in-fol., par J.-L. Rugendas. Très belle épreuve, en couleur.

79 — S. A. R. Guillaume-Georges-Frédéric-Louis, prince héréditaire du royaume des Pays-Bas, à la tête des Bataves combattant l'armée française aux Quatre-Bras, le 16 juin 1815. Gr. in-fol., par P. Velyn, d'après Van Brée. Très belle épreuve.

80 — Tableau représentant le moment de la bataille de Waterloo où quelques Écossais présentent au duc de Wellington les aigles conquis sur les Français, 18 juin 1815. Gr. in-fol., par Velyn, d'après Van Brée. Très belle épreuve.

NATOIRE (d'après C.)

81 — Tableaux qui étaient dans la Chapelle des Enfans-Trouvés à Paris. In-fol., par Fessard. Très belles épreuves. 9

NEUVILLE (Alph. de)

82 — Bataille de Volturno, 1er octobre 1860. — Entrée de Garibaldi à Palerme. Lithogr. in-fol., coloriées, de Régnier et Bettanier. Belles épreuves. 2

OZANNE

83 — Vue de la façade du Louvre du côté de St-Germain de l'Auxerrois. In-fol. obl.

84 — Construction des bassins de Pontanion au port de Brest. — Embarquement au port de Brest. In-fol. en larg. Belles épreuves, coloriées. 2

PALLIÈRE (J.)

85 — Mme *Crétu*, actrice du Spectacle de Bordeaux. Buste in-4. Joli portrait médaillon dans un entourage de fleurs. Très belle épreuve.

PARIS (Estampes sur)

86 — Plan de la Ville de Paris, gravé sous le règne de Louis XIII. In-fol. Très belle épreuve. Rare.

87 — Vue à vol d'oiseau de la Ville de Parys. In-fol., Seger Tilemans excudit, avec 56 nos de renvois. Curieuse pièce.

88 — Vue à vol d'oiseau de la Ville de Paris, gravée au début du XVIIe siècle par Cl. Chastillon. Petit in-4. Très belle épreuve.

89 — Vue perspective de Paris, par Haffner et Mérian (?), 1654. In-fol. Belles épreuves. 2

90 — Vue à vol d'oiseau de la ville de Paris et des lieux environnants. Gr. in-fol. obl., par Silvestre. A Paris, chez Mariette, 1635. Très belle épreuve. Marge.

91 — Vue perspective de la Ville de Paris. Gr. in-fol. obl., par Silvestre, 1640. Très belle épreuve. Marge.

92 — Plans et Vue de Paris, par Math. Seutter, J.-B. Homann et Aveline. Grand in-fol. Belles épreuves. 3

93 — Vue perspective de Paris, par Silvestre, Schenck, etc. In-fol. Rare. 4

94 — Bataille de St-Denis, 10 nov. 1567. — Siège de Paris, août 1590. — Arrestation du président Brisson, déc 1591. Etc. In-fol., par Hogenberg. Belles épreuves. 4

95 — Cérémonie du Te Deum chanté par les Alliés sur la Place Louis XV à Paris, le 10 avril 1814. In-fol. Belle épreuve En couleur.

96 — La Colonnade. — Le Museum. Jolies petites pièces à costumes. Très belles épreuves. Rares. 2

97 — Vue perspective du pont de la Concorde et Plan de la place et de ses environs. In-8 au lavis, par Le Page. Belle épreuve.

98 — Représentation des machines qui ont servi à élever les deux grandes pierres qui couvrent le fronton de la principale entrée du Louvre. Gr. in-fol. par Séb. Le Clerc, 1677. Très belle épreuve.

99 — La place de Louis XVI et la Salle d'opéra au Carrousel. — La pompe de la Samaritaine. — Saint-Eustache. — Le quai aux fleurs. — Inauguration du buste de Marat. In-fol. 5

100 — Plan perspectif de l'Ecole royale militaire. Gr. in-fol. par Née et Masquelier, d'après Lespinasse. Très belle épreuve avant la lettre.

101 — Les Invalides. — La Place Royale. - L'Hôtel de Ville — Le Louvre. — Le Collège Mazarin. — L'Intérieur des Quatre Nations. Ovales in-fol., par Janinet, d'après Durand. Belles épreuves. En couleur. Marges. 6

102 — Coupe et perspective de l'église de St-Sulpice, par Lucas, d'après Hénon. — L'Hostel de Ville, par Frosne. — Arc-de-triomphe de Louis XIV à la porte St-Antoine. — Vues intérieures de Paris, teintées, quatre sur la feuille. In-fol. Belles épreuves. 4

103 — Le Panthéon, par Poulleau, d'après Lequeu, 1781. — Élévation du grand portail de St-Sulpice par Ravenet, d'après Servandoni, 1750. — Composition d'un buffet d'orgue, par Fessard, d'après Servandoni. — Vue de Notre-Dame (frontispice par Choffard, d'après Monnet). In-fol. Belles épreuves. 4

104 — Vues du pont Louis XVI, de la place Louis XV, par Martinet, Sergent, Le Campion, Janinet, Basset, etc. Belles épreuves, en noir et en couleur. Rares. 6

105 — La place Louis XV, les Champs-Elysées, les Tuileries, le Garde-Meuble, la Chambre des Députés, le pont Louis XVI, la place de la Charte, etc. En noir et coloriées. 23

106 — Petites vues miniatures des monuments de Paris, par Martinet, Gaitte et autres. 14

107 — Série des vues publiées par Genty. In-4, en larg. Marges. 12

108 — Suite publiée chez Tessier, sous le titre de : Vues de Paris. In-4. Marges. 21

109 — Vues d'optique des principaux monuments. In-fol. Coloriées. 22

110 — Grandes vues, d'après Courvoisier. Belles épreuves avec marges. 18

111 — Lithographies publiées par Gihaut. In-fol., sur chine. 24

112 — Vues diverses de tous les monuments. 35

PATAS

113 — Trait d'humanité. Mgr le Duc d'Orléans, chassant à Villers-Cotterets, sauve son jockey tombé dans la rivière. In-fol., d'après de Myeris. Très belle épreuve. Marge.

QUENEDEY

114 — Mme de la Frais, du Havre. — MM. Busnel, de Cherbourg. — Colignon. — De la Valette. — Gaviniès, de Bordeaux. — J. Darcet, de Doazit (Landes). — Mauriel, de Meulan. — P.-C. Le Sage, de Livry. — Le citoyen Auberry, de Conflans-Ste-Honorine. Etc. Rares portraits au physionotrace. 11

115 — Dusseck, Grétry, Berton, Boïeldieu, Méhul, Gossec, Mozart, Paer, Sacchini, Gluck, Haydn, Chérubini, Dalayrac, Spontini, Monsigny, Isouard, musiciens célèbres. In-4 Portraits gravés au physionotrace. Marges. 16

QUEVERDO (F.-M.)

116 — François-Etienne de *Nieuport*, guéri miraculeusement le 25 mai 1769 à la procession du Saint-Sacrement de la paroisse de St-Côme à Paris. In-fol. Belle épreuve. Marge.

RAVENET

117 — Nicolas *Boileau* Despréaux. In-4, d'après H. Rigaud. Superbe et très rare épreuve avant toutes lettres.

RUOTTE (L.-C.)

118 — *Furtado* de la Gironde, président de l'Assemblée des Députés, professant le Culte mosaïque ; 1806. Petit in-fol., d'après Lehman. Marges.

119 — Mlle *Raucourt*, de la Comédie Française. In-fol., d'après *Gros*. Très belle épreuve, à toute marge.

SAINT-AUBIN (d'après Gabriel de)

120 — Le Rêve. Voltaire, éclairé par le Génie de la Poésie, considère les médaillons de Charles VII, Agnès Sorel, Jeanne d'Arc, Dunois, etc., que lui présente l'Amour. In-fol., par Ransonnette. Très belle épreuve, impr. en bistre. Fort rare.

SIMONET (d'après)

121 — *Clairval*, né à Etampes, reçu à la Comédie Italienne en 1762. In-fol., en pied, dans le rôle de Colin, par Devaux. Tres belle épreuve.

STOW (J.)

122 — Marie de *Rohan*, fille du Duc de Montbazon, mariée en 1res noces au duc de Luynes, puis à Claude de Lorraine, duc de Chevreuse. In-fol., d'après le tableau de Morcelsi. Belle épreuve.

TOSCHI (P.)

123 — M. le comte *de Cazes*, pair de France, ministre de l'Intérieur. In-fol., d'après F. Gérard. Très belle épreuve. Marge.

TROUVAIN (A.)

124 — Calliope de *La Trémoille*, dame et abbesse du Pont-aux-Dames. In-fol., d'après de Troy, 1681. Belle épreuve.

TURNER (C.).

125 — *Jacques Ier*, roi d'Angleterre. In-fol. Beau portrait équestre à la manière noire, d'après la rare estampe de Delaram. Très belle épreuve. Marge.

VANLOO (d'après)

126 — Etienne-François, duc de *Choiseul*, exilé le 24 déc. 1770. In-fol. en pied, par R. Lowery. Superbe épreuve à la manière noire. Marge. Très rare.

Les Trois VERNET

127 — Bivouac du 3e régiment de hussards, commandé par le colonel Moncey. — Le colonel Moncey blessé est secouru par son père. Petit in-fol., par Jazet. D'après Horace Vernet. Belles épreuves. 2

128 — S. A. S. Mgr le Duc d'Orléans passant en revue le 1er Régiment de Hussards. Grand in-fol., par Jazet, d'après H. Vernet. Très belle épreuve, à toute marge. Rare.

129 — Le Port d'Antibes en Provence, vu du côté de la terre. Gr. in-fol., par Cochin et Le Bas, d'après Joseph Vernet, 1762. Très belle et rare épreuve à l'eau-forte pure.

130 — Chasseur aux écoutes. — Chiens en défaut. In-fol., à l'aquatinte, par Jazet, d'après Carle Vernet. Très belles épreuves. Grandes marges. 2

131 — L'Anglomane. — L'inconvénient des Perruques. In-fol., par Darcis, d'après C. Vernet. Très belles épreuves. 2

132 — Intérieur d'un atelier (atelier d'Horace Vernet). Grand in-fol. par Jazet. Très belle épreuve. Rare.

Dans cette curieuse estampe, tous les personnages représentent un portrait. Nous y voyons, outre Horace Vernet : Ledieu, Amédée de Beauplan, Eugène Lami, Montcaville, le général Boyer, de Lionne, baron Athalin, de Lariboissière, Jazet, Couturier de Ste-Claire, les frères Pujol, Ladurner, Guot, le Colonel Langlois, le Dr Hérault, Duchesne, Montfort, Lehoux et Robert-Fleury.

133 — Portraits de *Joseph Vernet*, par Cochin, Mauzaisse, Berny ; d'*Horace Vernet*, par Degobert, Desmaisons, Masson ; *Carle Vernet*, par Horace Vernet, en buste et en pied. Gravures et lithographies. 8

VILLENEUVE

134 — M.-F. Arouet de *Voltaire*, transféré à Paris, le 10 juillet 1791, et porté à la basilique de Ste-Geneviève. Portrait buste, ovale, sur fond rouge. In-8. Très belle épreuve. En couleur. Rare.

VUES

135 — Vue perspective de la nouvelle rue à ouvrir à Orléans en face de la cathédrale. Lithogr. Courtin, d'après Gauthier. Petits personnages représentant Louis-Philippe et sa suite, par Victor Adam. In-fol. Coloriée. Belle épreuve.

136 — Fête communale de Douai ; dédié aux enfants de Gayant. — Vue d'avenir de la Grande Place de Valenciennes. Lithogr. in-fol., d'après Wallet et Auvray. 2

137 — Versailles. Vues du Château, de la Chapelle et des Jardins. En noir et coloriées. 70

138 — Saint-Germain et Saint-Cloud. Châteaux, Parcs, fontaines, etc. 35

139 — Châteaux des Environs de Paris : Verneuil, Fresnes, Chilly, Villeroy, Meudon, Fremont, Bellevue, Le Raincy, Choisy, Marly, Clagny, etc. 17

140 — Vues de Suisse, par Falkeisen, Ruff et autres. In-4. En couleur. Belles épreuves. Marges. 9

141 — Vues d'optique françaises et étrangères. In-fol. Coloriées. 38

WINKELES (R.)

142 — Fête de l'Alliance conclue entre la France et la République Batave, 1795. In-fol. Très belle et rare épreuve avant la lettre. Marge.

143 — Fête de la Liberté à Amsterdam, 1795. In-fol. Belle et rare épreuve avant la lettre. Toute marge.

RÉVOLUTION et FAMILLE ROYALE
(Portraits et Scènes)

144 — La Comtesse de *Provence*. Petit in-8 en larg. par Helman, d'après Monnet. Portrait de la plus grande finesse. (Bér. II-396, n° 21).

145 — Exemple d'humanité donné par Mme la Dauphine, le 16 octobre 1773 (M. 396). Petit in-fol., par Godefroy, d'après Moreau le Jeune. Très belle épreuve. Grande marge.

146 — Trait de bienfaisance de la Reine. Petit in-fol., par David, d'après Dugoûre. Très belle épreuve. Fait pendant à la pièce précédente.

147 — La Comtesse d'*Artois* et ses enfants, gravé d'après la Boëte donnée par cette princesse à M. Busson, son premier médecin. In-4, par P.-C. Ingouf. Belle épreuve. Marge.

148 — *Marie-Antoinette* d'Autriche, reine de France. D'après Dufroé. In-fol. en bistre, par Curtis. Belle épreuve.

149 — *Louis-Stanislas-Xavier* de France, frère du Roi. — *Marie-Josephe-Louise* de Savoye, Madame son Epouse. In-fol., coloriée. Imagerie de l'époque. Très belle épreuve. Fort rare.

150 — *Louis-Joseph-Xavier-François*, Dauphin de France. — *Marie-Thérèse-Charlotte* de France, Madame, fille du Roi, sur les genoux de leurs nourrices. In-fol., coloriée. Imagerie de l'époque. Belle épreuve. Fort rare.

151 — Marie-Antoinette, reine de France. Par Gabrielli, d'après Gratise. Médaillon au bas duquel est la scène de l'exécution. In-fol. Très belle épreuve. Toute marge.

152 — La Famille Royale. Réunion de huit petits portraits sur une même planche ayant la forme d'une rosace. Très belle épreuve de cette fine gravure. Rare.

153 — Vue de la Procession des Etats-Généraux à Versailles, le 4 mai 1789. In-fol. obl., au lavis de bistre, publ. chez Basset. Très belle épreuve.

154 — Soirée du 30 juin 1789 au Palais-Royal. In-fol. Très belle épreuve.

155 — Principaux traits de la Révolution française, première quinzaine en juillet 1789. Réunion de vingt petits médaillons pour boutons, gravés sur la même planche, par Janinet ou Guyot et publ. chez Martini. In-fol. Superbe épreuve, impr. en couleur. Très rare.

156 — Le Prince de Lambesc aux Tuileries, 12 juillet 1789. Ovale in-4 en trav., par Guyot. Superbe épreuve, impr. en couleur. Marge.

157 — La Journée mémorable du mardi 14 juillet 1789. Retour de la Bastille et manifestation devant l'Hôtel de Ville. In-fol. au lavis. Très belle épreuve.

158 — Repas offert par les Gardes du Corps aux Régiments de Flandre, Dragons de Montmorency et autres, 31 septembre 1789. In-fol. Très belle épreuve. Coloriée.

C'est à ce banquet que la cocarde nationale fut foulée aux pieds et remplacée par la cocarde noire, en signe de confédération aristocratique, ce qui a donné lieu à la révolution du 5 octobre 1789. On y voit le Roi, accompagné de la Reine, qui tient sur son bras le petit Dauphin Louis XVII.

159 — Bravoure des Femmes parisiennes à la journée du 5 octobre 1789. Ovale in-4, par Ph. Caresme. Très belle épreuve, en bistre.

160 — Retour des Héroïnes parisiennes après l'expédition de Versailles, du 5 octobre 1789. A Paris, chez Dufour. Très belle épreuve, au lavis de sépia. Marge.

161 — Arrivée du Roy et de la Famille royale à Paris, 6 octobre 1789. Ovale, in-4, par Guyot. Très belle épreuve, impr. en couleur.

162 -- Premier Hommage des Habitans de Paris à la Famille royale, le mercredi 7 octobre 1789, lendemain de son heureuse arrivée dans cette Ville. La Famille royale est représentée dans une loge à l'Opéra. In-4. Très belle épreuve. Coloriée. Très rare.

163 — Principaux traits de la Révolution française, deuxième quinzaine, 5 et 6 octobre 1789. Réunion de vingt petits médaillons pour boutons, gravés sur la même planche, par Janinet ou Guyot et publ. chez Martini. In-fol. Superbe épreuve, impr. en couleur. Très rare.

164 -- Il(s) voudrait abbattre ce qui les soutient. In-fol. au lavis de bistre. Publ. à Valenciennes, chez Terry. Très belle épreuve. Marge.

165 — A la bonne heure.... chacun son écot.... In-fol. au lavis. Très belle épreuve de cette charmante pièce. Toute marge.

166 — Don des Dames artistes à l'Assemblée nationale. Ovale in-4 par Guyot. Très belle épreuve, impr. en couleur. Marge.

167 --- Banquet civique donné par les Gardes nationales de Lille aux troupes de la garnison, les 27 et 28 juin 1790. Gr. in-fol., par Albane. Très belle épreuve.

168 — Vue du Champ de Mars dit de la Fédération, à la journée mémorable du 14 juillet 1790, au moment de l'arrivée des Députés de tous les Départements du Royaume. In-fol. Belle épreuve.

169 — Le Roi, accompagné de son auguste Famille, de la Religion, d'un membre de chacun des 12 Sénats du Royaume, de 12 Pairs de France et de ses ministres. La Sagesse indique à Sa Majesté la Chimère allaitant les branches parasites de cet arbre et lui inspire de la bannir de ses Etats. Vignette in-8. Très belle épreuve. Rare.

170 — Pompe funèbre du convoi de Mirabeau, avril 1791. In-fol., coloriée. Belle épreuve.

171 — La Discipline patriotique, ou le Fanatisme corrigé par les Dames de la Halle, 7 avril 1791, au Couvent des Dames Miramionnes. In-4, coloriée. Au dos de la pièce on trouve l'estampe-rébus sur les assignats.

172 — Nouvelle monnaie décrétée par l'Assemblée nationale, le 10 avril 1791. In-8, coloriée. Belle épreuve.

173 — Troc pour troc, Paris pour Montmédy. Coiffure pour couronne. Départ pour l'Autriche. Curieuse caricature sur la fuite du Roi et de la Reine, 21 juin 1791. Pet. in-fol., coloriée. Rare.

174 — La Fuite à dessein, ou le Parjure Louis XVI. Scène de l'arrestation à Varennes, 22 juin 1791. In-fol., par Guyot. Très belle épreuve en bistre. Marge.

175 — L'Arrestation du Roi et sa Famille désertant du Royaume, à Varennes, 22 juin 1791. In-fol., coloriée.

176 — Retour de la Famille royale à Paris, le 25 juin 1791. Passage sur la place Louis XV. In-fol., coloriée.

177 — Journée du 25 juin 1791. Le Roi arrivant de Varennes à Paris. L'entrée aux Tuileries. In-fol., par P.-F. Germain. Belle épreuve. Rare.

178 — La famille des Cochons ramenée dans l'étable. Allusion au retour de Varennes. In-4, coloriée. Belle épreuve. Très rare.

179 — Que faites-vous là ? — Je garde cette grosse pièce, dont on ne veut plus. Caricature publ. après le retour du Roi. In-4, coloriée. Belle épreuve.

180 — Nouveau pacte de Louis XVI avec son peuple, le 20 juin 1792. Petit in-fol. Superbe épreuve en couleur. Excessivement rare.

Le Roi est représenté coiffé du bonnet *rouge* orné de la cocarde ; il porte le grand-cordon du St-Esprit et s'apprête à boire à même une bouteille. Il crie : « Vive la nation ! »

181 — Aristocrates, soyez tranquilles sur la santé du traître Louis XVI. Il boit comme un templier en attendant...... Petit in-fol. Pub. chez Villeneuve. Très belle épreuve en couleur. Fort rare.

Cette caricature est à peu de choses près la même que la précédente, mais elle composée dans un tout autre esprit. Le Roi y est représenté coiffé d'un bonnet *vert* sur lequel on lit : « Il fait banqueroute à tous les partis. » Il ne porte pas le cordon. On le voit boire dans un verre qu'il remplit en même temps.

182 — Le traître Louis XVI. Médaillon dans une lanterne, avec cette inscription : Cette suspension vaut bien la déchéance. In-fol., au lavis, publ. chez Villeneuve. Belle épreuve. Rare.

183 — La panthère Autrichienne. Portrait de Marie-Antoinette, figurée dans une lanterne avec cette inscription : Marie-Antoinette la Médicis du XVIIIe siècle. In-fol., au lavis, publ. chez Villeneuve. Belle épreuve. Rare.

184 — Que faites-vous, ma fille ? — J'étois altérée du sang des François..... Caricature in-fol., coloriée, représentant Marie-Thérèse retirant d'un puits Marie-Antoinette. Belle épreuve.

185 — Le crible de la Révolution. Le Temps passe au crible la Famille royale ; à terre sont les têtes de Philippe-Egalité, Chabot, Maury, etc. Ovale in-4, en bistre. Belle épreuve.

186 — Les Animaux rares, ou la translation de la Ménagerie royale au Temple, le 20 août 1792. Un sans-culotte conduit à la prison du Temple les membres de la Famille de Louis XVI représentés sous la figure d'animaux de basse-cour. Caricature in-4, à l'aquatinte. Belle épreuve.

187 — Les deux ne font qu'un. Caricature montrant le Roi et la Reine sous la forme d'un animal fantastique. In-fol. Coloriée. Grande marge.

188 — Le Roi et la Reine sous la figure d'un porc et d'une hyène (?). Caricatures in-8, de forme ronde, à l'aquatinte. Rares. Très belles épreuves. 2

189 — Les deux font la paire. Louis XVI, tenant le sceptre et sa couronne tombant, est à cheval sur une truie. Caricature in-4 coloriée. Belle épreuve.

190 — Vue des tours du Temple, prise de la rotonde que l'on voit sur la gauche. In-fol. en larg., par Chapuy, d'après Garbizza. A l'aquatinte. Belle épreuve.

191 — Testament de Louis XVI, mort le lundi 21 janvier 1793. In-fol., avec les portraits-médaillons du Roi, de Marie-Thérèse-Charlotte et de Louis XVII. Au bas le texte sur deux colonnes. Belle épreuve. Toute marge.

192 — La Séparation de Louis XVI et de sa Famille, dans la Tour du Temple. Gr. in-fol., par F. B. Très belle épreuve.

193 — Les Adieux de Louis XVI à sa Famille. Gravure anonyme de forme ronde tirée dans le format gr. in-8. Belle épreuve. Marge.

194 — La même estampe, avant la lettre.

195 — Le Dauphin enlevé à sa mère. In-fol. en larg., par Schiavonetti, d'après D. Pellegrini, 1794. Belle épreuve. Marge.

196 — La princesse Elizabeth sortant de la Conciergerie. In-fol. en larg., par Schiavonetti, d'après Pellegrini, 1796. Belle épreuve. Marge.

197 — La Reine Marie-Antoinette conduite de sa prison à l'échafaud par Henriot ; 16 octobre 1793. Gr. in-fol., par Cardon, d'après Hamilton. Très belle épreuve.

198 — Réception de Louis Capet aux Enfers, par grand nombre de brigands ci-devant couronnés. In-fol., à l'aquatinte, par Villeneuve. Belle épreuve.

199 — Silhouettes de François II, Guillaume II, Louis XVI, Marie-Antoinette, etc. (7 fig.). Curieuse grav. allem. in-8, sans noms d'artistes.

200 — Le plat à barbe Lillois. Episode du bombardement de 1792. In-4 à l'aquatinte. Belle et *ancienne* épreuve.

201 — Mort de Marat (13 juillet 1793). Dessiné d'après les portraits originaux. A.-L. Du Moulin inv. et sculp. In-4 à l'aquatinte. Belle épreuve. Rare.

202 — Marie-Anne-Charlotte *Corday*, ci-devant Darmans, âgée de 25 ans, assassin de Marat, écrivant sa dernière lettre à son père (16 juillet 1793). In-fol., à l'aquatinte. A Paris, chez Basset. Belle épreuve. Rare.

203 — Marie-Anne-Charlotte *Corday*. A mi-corps, de face, coiffée, tenant son poignard de la main gauche. Au bas un médaillon circulaire montrant la scène de l'assassinat de Marat. In-fol., par Tassaert. Dessiné d'après nature par Hauer. Belle épreuve avec la tablette blanche. Rare.

C'est le portrait annoncé dans le Journal de Perlet du 27 juillet 1793.

204 — La Journée du 10 août (les Tuileries). Grand in-fol., à la manière noire. Belle épreuve. Rare.

205 — La Nuit du 9 au 10 Thermidor an II (28 juillet 1794). Arrestation des deux Robespierre, de Couthon, de St-Just et de Le Bas. Gr. in-fol., par Tassaert, d'après Harriet. Très belle épreuve. Rare.

206 — Galerie des célèbres Patriotes. Curieuse estampe représentant le Panthéon, avec les portraits de Robespierre, Mirabeau, Le Chapelier, Barnave, les frères Lameth, Lanjuinais, Treilhard, d'Aiguillon, Raynal, Jean-Jacques Rousseau, Gérard, Rabaud, Camus, Menou, Péthion, La Fayette, Talleyrand-Périgord, Grégoire, Cte de Clermont, Siéyès, etc. Gr. in-fol. Très belle épreuve.

207 — Collection des Portraits (120) des Membres composant le Corps Législatif en l'an VII. In-fol., à l'aquatinte, par Gonord. Vingt portraits à la feuille. Belles épreuves. 6
Suite complète. Excessivement rare. Petite déchir.

208 — Agricola *Vialla*. Ovale, in-folio, gravé en couleurs par Angélique Briceau, femme Allais. Très belle épreuve. Marge.

209 — Adam-Philippe *Custine*, général de l'armée du Rhin. Ovale in-4, avec trophée patriotique au bas. A Paris, chez Alix. En couleur. Belle épreuve.

210 — Eventail représentant des Assignats disposés en trompe-l'œil, et une pièce de monnaie à l'effigie de Louis XVI. A été monté.

211 — Comité de l'an deuxième. Intérieur d'une permanence de sans-culottes. In-fol. A Paris, chez J.-B. Huet. Belle épreuve.

212 — Hommage à l'Assemblée nationale. — Hommage à la valeur parisienne. In-8. A Paris, chez Picquenot, graveur. 2

213 — Héritiers de la Constitution. Les malheurs de la France furent leurs ouvrages. Curieuse pièce satyrique où sont figurés 12 personnages révolutionnaires. In-fol., à l'aquatinte.

214 — La Contre-Révolution ne serait-elle qu'une caricature ? In-fol., coloriée, avec 18 n[os] de renvois.

215 — La désolation de l'armée prussienne battue. Caricature sur le duc de Brunswick. In-fol. à l'aquatinte. Belle épreuve. Toute marge.

216 — Caricatures sur *Mercier*, de la Convention et des Cinq-Cents, auteur du « Tableau de Paris ». In-4, coloriées. Rares. 2

217 — Souper du diable. Curieuse caricature contre-révolutionnaire. In-4. Coloriée.

218 — Assemblée nationale, écueil des aristocrates. Le Génie de Rousseau en éclaire l'entrée. In-fol. A Paris, chez Chapuy, graveur. Belle épreuve, au lavis de bistre.

219 — Sistème astronomique de la Révolution françoise. Par Moullin, ingénieur géographe. In-fol. Coloriée. Belle épreuve. Marge.

220 — Tableaux de la Révolution française, ou Collection de quarante-huit gravures représentant les événements principaux qui ont eu lieu en France depuis la transformation des Etats-Généraux en Assemblée nationale, le 20 juin 1789. Suite ininterrompue de 48 livraisons (avec le premier texte, de Fauchet) et autant de planches en épreuves avant la lettre et avant le N° (par Duplessis-Bertaux, d'après Prieur). Paris, Didot, in-fol. en livraisons, avec couvertures. 48

221 — Portraits, scènes, feuilles d'assignats, caricatures, faits historiques, placards, etc. Formats divers. 32

Deuxième Vacation

BALAN et FUDGE

222 — Chapelle des Fonts Baptismaux, dans l'Abbaye de St-Riquier (Somme). — Le quai de Paris. — La croix de pierre, à Rouen. Lithographies in-fol. 3

BALLONS

223 — Ballon aérostatique voyageant. In-fol. Coloriée. Publ. chez Esnauts et Rapilly. Belle épreuve. Toute marge.

BEAUMONT (E. de)

224 — Le Bal d'enfants. — Plaisir des villes. — Plaisir des champs. Jolies litho. coloriées. In-fol. 13

BONINGTON (R.-P.)

225 — Charles V visitant François Ier, après la bataille de Pavie. Litho. sur chine de Harding. Marge.

226 — Vue prise sur les bords du canal de Tourny. — Gravelines. — Côtes de Picardie. — Port-Royal, à Paris, etc. Lith. sur chine. 10

BOULANGER

227 — Assassinat du duc d'Orléans, rue Barbette. — Baptême de Louis XIII. Lith. de l'*Artiste*. Rares. 2

CHAM et DAUMIER

228 — Chargeons les Russes. Suite complète. Lith. coloriées. 40

CHARLET

229 — Planches d'Albums. Lith. de Gihaut. Belles épreuves. 57

230 — Croquis lithographiques. — Croquis à l'usage des enfants. — Essais à la plume. — Souvenirs de l'Armée du Nord, etc. Belle épreuves. 29

231 — Planches d'Albums, Costumes, etc. Belle épreuves. 21

DECAMPS

232 — Elle prie pour son fils. — Elle implore pour son père. Gravures imprimées en couleur. In-fol. Très belles épreuves. Toutes marges. Très rares. 2

233 — L'Arabe à cheval. — La Cuisine. — Le petit Savoyard. — Chevaux de labour. — Défaite des Cimbres. — Les voleurs et l'âne. — Récréation. — Bassets. — Croquis, etc. Gravures et lithogr. 25

DELACROIX (Eug.)

234 — Médée. — Le Giaour et le Pacha — Lion dévorant un homme. — Tigre. — Daniel. — Rencontre de cavaliers Maures. — Le Christ. — Jeune Tigre. — Roméo et Juliette. — La mort du brigand. — Le Tasse à l'hôpital des fous. — Fac-similés de dessins. — Croquis, etc. Gravures et lithogr. 30

DUCRIS

235 — Reconnaissance des Français à Jean-Jacques Rousseau. In-fol. en larg. Très belle épreuve en bistre. Marge. Fort rare.

ÉCOLE FRANÇAISE, XIXe siècle

236 — Eaux-fortes représentant des objets d'art, natures mortes, statues, fleurs, par Champollion, Greux, Martial, Courtry, Servin, Jacquemart, Ch. Jacque, Chifflart. In-fol. 35

237 — Bois, fumés, tirages à part, la plupart sur chine. Œuvres de Yon, Lavoignat, Daumier, Brévière, Perrichon, Méaulle, Lavieille. In-4 et in-fol. 40

238 — Eaux-fortes. Sujets de genre, croquis, portraits, paysages, types, etc. In-4. 45

239 — Sous ce nº il sera vendu quelques **lots** : Eaux-fortes et Lithographies du Journal *l'Artiste*, œuvres d'artistes Anglais, Espagnols, etc., titres de chansons.

GAVARNI

240 — Album pittoresque composé de 38 jolies caricatures par Gavarni. Paris, 1848 ; grand in-8 br., couvert. 38

241 — Œuvres nouvelles : Le manteau d'Arlequin, 10 pl. — La foire aux Amours, 9 pl. — Ecole des Pierrots, 10 pl. En un album in-4 rel., toile, tr. dor. 29

242 — Les Coulisses. Litho. coloriées. Belles épreuves. 17

243 — Baliverneries parisiennes. — Fourberies de femmes.— Les maris vengés. — Les Etudiants de Paris. - Les Lorettes. — Paris le soir. — Les Débardeurs. — La Vie de jeune homme. — Le Carnaval. Etc. Amusantes lithogr. coloriées. Belles épreuves. 70

244 — Douze nouveaux Travestissements par Gavarni, gravés sur acier par Portier. Paris, Modes parisiennes, 1856 ; in-4, complet, br., couvert. Epreuves coloriées. 12

GÉRICAULT

245 — Son portrait, par Tony Toullion. — Le Giaour. — Lion dévorant un cheval (2 épr.). Lithog. in-4. 4

GRANDVILLE (J.-J.)

246 — Grande Croisade contre la Liberté. Planches tirées du du journal *La Caricature* (Manque la 6e feuille). Belles épreuves. Coloriées. 6

GUTTENBERG (C.)

247 — Monument érigé à Genève à Jean-Jacques Rousseau. In-fol., d'après Barbier. Belle épreuve.

ISABEY (Eug.)

248 — Marée basse. — L'Alchimiste. — Charles IX chez son armurier. — Intérieur d'un port. — Une marine. — Côtes de Douvres. — Croquis. Etc. Lithogr. 10

LALANNE (Maxime)

249 — Souvenirs artistiques du siège de Paris, 1870-1871. Eaux-fortes. Paris, Cadart. In-fol., dans la couvert. de publ. 13

MARINE (Estampes relatives à la)

250 — Plusieurs pièces maritimes désignées d'après nature et peintes par J. Van Beecq, peintre du roy, en son Académie royalle de peinture et de sculpture. Et gravées par Moyse J.-B. Fouard. In-fol., suite complète. 6

251 — Ozanne. IVe Cahier de Marines. — Livre XI. Manœuvres et petits bâtiments. — Livre IX. Diverses manœuvres de barques et bateaux. — Cahier de petites Marines. In-4. Belles épreuves, marges. Cahiers complets. 36

252 — Différents modèles de bateaux usités en divers pays. Navires marchands et bâtiments de guerre. In-fol., en noir et coloriées. 30

253 — Inauguration de la ligne transatlantique de St-Nazaire à la Véra-Cruz, 1862. — Régates internationales du 29 août 1869. — Débarquement des dépouilles mortelles de l'Empereur Maximilien à Trieste, 1868. — Le Napoléon III, la Ville de Paris, le Pereire, le Rochambeau, transatlantiques, etc. Belles litho. in-fol. en couleur par Leduc et Le Breton. 10

MEISSONIER (E.)

254 — Les Lansquenets. Avant la lettre sur japon. Litho de Sirouy. — Les bons amis. — Le corps de garde. — Chanteuse. Eaux-fortes de Nargeot, épreuves d'artiste. In-fol. 4

255 — Une Halte. — Un Gentilhomme. — Les Lansquenets. — Le Hérault d'armes. — Le Peintre. — Deux Lansquenets. — Le Hallebardier. Eaux-fortes et lithogr. Belles épreuves. 7

256 — Le Liseur. — Porte-drapeau de la garde civique flamande. — Jeune homme lisant. — Polichinelle à gauche. Belles épreuves. 6

MILITAIRES (Costumes)

257 — La jeune fille décidée. Episode grivois. Par Seele, 1802. In-fol., coloriée, publ. à Stuttgart chez Ebner. Belle épreuve. Marge. Rare.

258 — Les six Régiments de Hussards en 1816. In-4. Costumes coloriés. Suite complète. Rares. 6

259 — *Bellangé*. Dragons. Artillerie à pied. Train du génie. Hussard du Haut-Rhin. Litho. in-fol., coloriées. 4

260 — *Dero Becker*. Costumes des Armées Européennes vers 1830. Litho. in-4 en travers. Coloriées. 16

261 — *Marbot et Noirmont*. Costumes militaires français. Lithogr. coloriées. Planches de la 2e partie (1793-1804). Belles épreuves. Toutes marges. 22

262 — Feuilles de soldats. Images populaires représentant des costumes et des manœuvres. In-fol. Coloriées. 9

ROCHEBRUNE (O. de)

263 — Cloître de Luçon. — Clocher de N.-D. de Fontenay-le-Comte (1er état). — Église de Vouvent, etc. Eaux-fortes in-fol. 5

SPORT

264 — Trip to Melton Mowbray (Un petit voyage à Melton Mowbray). Suite complète, en forme de frises, d'après T.-D. Paul. Coloriées. 12

265 — L'Arrivée. Grand in-fol., par Debucourt, d'après Carle Vernet. Belle épreuve.

266 — Le Coup de Tonnerre. Grand in-fol., par P.-L. Dubucour, d'après Carle Vernet. Belle épreuve.

267 — Quatrième suite de Chevaux (Nos 38, 39, 41 et 42). Différentes phases d'une course. In-fol. en larg., par Levachez et Carrée, d'après Carle et Horace Vernet. Très belles épreuves. Toutes marges. 4

268 — Course de traîneaux. In-fol., en couleur, par Gros, d'après Carle Vernet. Belle épreuve. Raccom.

269 — The Sporting Tailor. — The Hunted Tailor. In-fol., d'après Alken. Très belles épreuves. Coloriées. Encadrées. 2

270 — The Worcester, 1856. Grand in-fol. coloriée, par Ch. Hunt, 1856. Très belle épreuve. Encadrée.

271 — The Mail Coach in a drift of snow. — The Mail Coach in a storm of snow. In-fol., par Reeves, d'après J. Pollard. Très belles épreuves. Coloriées. Encadrées. 2

272 — Race for the Great St-Ledger stakes at Doncaster. In-fol., d'après J. Pollard. Belle épreuve. Coloriée. Encadrée.

273 — A false Start. — The old grey loosed his trace again. In-fol., par Newhouse. Très belles épreuves, coloriées, publ. en 1845 par Fores. Gr. marges. Encadrées. 2

274 — Fighting it out, or the Colonel and the Kentucky boatman. Curieuse scène de boxeurs. In-fol., par H. Alken. Très belle épreuve, coloriée. Encadrée.

275 — Grouse shooting. — Partridge shooting. In-fol., sans noms d'artistes. Très belles épreuves. Coloriées. Encadrées. 2

276 — The Mail Coach in a thunder storm on Newmarket heath. In-fol., par G. Reeves, d'après J. Pollard. Très belle épreuve, coloriée. Encadrée.

277 — Hunting Incidents. In-fol., par Alken. Très belle épreuve. Coloriée. Encadrée.

278 — The Birmingham Coach. Réduction in-4 de l'estampe de Pollard. Belle épreuve. Coloriée. Encadrée.

279 — Winter. Going North. In-fol., par Hester, d'après Alken. Belle épreuve. Coloriée. Encadrée.

280 — Bateaux de courses. Wherry. — Six oar'd Galley. — Gig. — Skiff. Aquarelles in-fol. en travers, par George Searle. London, 1846. 4

VÉLOCIPÈDES, VOITURES A VAPEUR ET CHEMINS DE FER

281 — The Hobby Horse Dealer. In-fol., par G. Cruikshank. Publ. en 1819 par Humphrey. Très belle épreuve. Coloriée. Très rare.

282 — The Female Race ! or Dandy Chargers running into Maidenhead. In-fol., 1819. Très belle épreuve. Coloriée. Grande marge. Rare.

283 — Les plaisirs et les désagrémens des vélocipèdes et des chevaux orifères. In-fol. coloriée, par C. Naudet. 1822. Estampe publiée chez Martinet. Très belle épreuve. Marge. Excessivement rare.

284 — Hobbies or Attitude is every thing. Dedicated with permission to all Dandy Horsemen. In-fol. *Dessin original* de W. Heath, signé et daté, 1819. A été gravé et publié la même année.

285 — The Chancellors Hobby, or More Taxes for John Bull. In-fol., coloriée. Marge.

286 — The Epping Hunt, or Hobbies in an uproar. In-fol., coloriée. Marge.

287 — The Pedestrian Hobbies, or the Difference of going up and Down Hill. In-fol., coloriée. Marge.

288 — Match against Time or Wood beats Blood and Bone. In-fol., coloriée. Marge.

289 — Every one on his Hobby (pl. n° 1). In-fol., coloriée. Marge.

290 — The Parsons Hobby, or Comfort for a Welch Curate. In-fol., coloriée. Marge.

291 — The Ladies Hobby. In-fol., coloriée. Marge.

292 — The New Steam Carriage. In-fol., en couleur. Gravé par Pyall, d'après G. Morton, et publ. par Mc Lean, 1835. Très belle épreuve. Marge.

293 — Going it by Steam, 1828. In-fol., coloriée, par Shortshanks. Marge.

294 — Premier chemin de fer de Londres à Greenwich. Lithogr. de H.-J. Backer. In-4. Rare.

295 — Notions sur le chemin de fer. In-fol., en noir, par J.-B. Blasseau. Marge.

Premier chemin de fer européen, d'Anvers à Cologne.

296 — Vue perspective du viaduc à Borcette, près d'Aix-la-Chapelle, et passage du chemin de fer d'Aix à Herbesthal. Lithogr. in-fol. en larg., par Winfeld et N. Pensart de Malmédy, 1840.

297 — Entrée du chemin de fer de Paris à St-Germain, place de l'Europe, à Paris. — A View near Liverpool, looking towards Manchester. In-fol. en noir et coloriée. 2

298 — Caricature de Maurisset sur la daguerréotypie, les chemins de fer, les ballons, etc. — Une station infiniment trop prolongée. — Accident. — Le chemin de fer de ceinture en 1853. — Chemin de fer de l'Euphrate. — Train parlementaire. — Tunnel sous-marin. — Gare St-Lazare. — Ligne du St-Gothard. Etc. Lithogr. par Cham et Daumier. In-fol. 11

WILLETTE

299 — Affiches. Exposition internationale des produits du commerce et de l'industrie, 1893. — Exposition des œuvres de Charlet, 1893. Lithogr. gr. in-fol. Rares. 2

ORNEMENTS

(Les Nos qui suivent le nom de l'artiste renvoient à la page correspondante de Guilmard)

300 — **Anonyme.** Les douze Mois de l'année représentés sur une même feuille, comme modèles de chatons de bagues. In-fol. Belle épreuve. Toute marge.

301 — **Arquebuserie.** Modèles pour la décoration des diverses pièces composant un fusil. XVIe, XVIIe et XVIIIe siècles. 60

302 — **Audran** (C.) (107). Les Mois de l'année, contenus dans douze montants gravés sur six feuilles. In-fol. Très belles épreuves. Marges. 12

303 — **Babel** (173). Fontaines décorées. In-fol., suite complète. Belles épreuves. 4

304 — **Babin** (184). Troisième Livre de dix feuilles. Cahier C : Modèles de Serrurerie. Suite complète. Belles épreuves. Marges. 10

305 — **Bauer** (Jean) (442). Tables dans le genre rocaille. In-4. Suite complète. Toutes marges. 4

306 — **Baumgartner** (J.-J.) (433). Dessins d'orfèvrerie. Bordures de plats. Pommes de cannes. Cachets. Etc. In-4. Belles épreuves. 6

307 — **Beham** (Hans Sebald) (359). Tête d'ornement entourée d'une couronne de laurier avec mélange de rinceaux, 1543. Très belle épreuve.

308 — **Bérain** (Jean) (89). Modèles d'arquebuserie. Numérotés de 1 à 10. Belles épreuves. Rares. 10

309 — Cahier A : Commodes et Lustres et planche de panneaux. In-fol., par Daigremont. Complet. Grandes marges. 5

310 — Pompes funèbres : Mausolée de Marie-Louise d'Orléans. — Mausolée de Marie-Anne-Christine-Victoire de Bavière. — Décoration funèbre de la chapelle de Condé. — Le tour du chœur de Mgr le Prince de Condé à N.-D. Etc. In-fol. Belles épreuves. Quelques raccom. 5

311 — Navires en pleine mer. In-fol. Belles épreuves. 2

312 — **Bergmuller** (429). 6 Gantz Neue Orgel Kaesten Invendirt von Johann Andreas Bergmuller. In-fol. Cahier complet. Marges. 6

313 — **Blondus** (503). Verscheyden Wapen-Schilden Verciert met Helm en Lof. Geinverteert by den H. Agent van Sweden Michiel Le Blon. In-fol. Suite complète, à deux sujets sur la feuille. Marges. 8

314 — **Bouchardon** (Edme) (161). Premier Livre de Vases inventés par Edme Bouchardon, sculpteur du roi. — Second Livre de Vases, etc. Deux suites complètes de chacune 12 pièces, gravées par Huquier. In-fol. Très belles épreuves, à toutes marges. 24

315 — **Boucher** (François) (168). Premier Livre de Groupes d'Enfans. Gravé par Aveline. In-fol. (manque le nº 6 ; le nº 3 est en double état). Belles épreuves. 6

316 — Second Livre de Groupes d'Enfans. Gravé par Huquier. In-fol. (manquent 5 et 6). Belles épreuves. Marges. 4

317 — Cinquième Livre de Groupes d'Enfans. Gravé par Huquier. In-fol. Cahier complet. 6

318 — Cartouches allégoriques dont les milieux sont blancs. In-fol., par Huquier. Très belles épreuves, dont une est à l'eau-forte pure. 3

319 — Figures chinoises : Les Délices de l'enfance, — Le Mérite de tout pays, — Le Concert chinois, — Le Paquet incommode, — L'Oiseau à bonnes fortunes, — La Rêveuse. In-fol., par Aveline et Balechou. Très belles épreuves. 6

320 — **Boucher** fils (230). Cahier C : Panneaux de Lambris à côté d'une croisée, etc. Complet. In-fol. Toutes marges. 4

321 — Cahier O : Galeries et Salons. Complet. In-folio. Toutes marges. 4

322 – Nouveau Livre de Vases, A Paris, chez Chereau. In-8. Complet. Marges. 8

323 — **Boyvin** (René) (21). L'on voira en ce livre : L'Histoire de Jason et de Médée, ou la conquête de la Toison d'or, par St-Martin de Bologne, peintre de François Ier : son château de Fontainebleau fut illustré par ses fameux ouvrages dont on vois les fraguements. Se vend à Paris, chez E. Desrochers, rue du Foin. (R. D. 39-64). Suite de vingt-trois planches sur vingt-six (manquent les pl. 3, 6, 21). En un album in-4 obl., demi-rel. av. coins, tête dor. Epreuves doublées. 23

324 — **Bry** (Jean-Théodore de) (368). Pièce ronde pour soucoupe, ornée d'une bordure sur fond noir, avec, au milieu, une scène de bain. Petit in-fol. Très belle épreuve. Rare.

325 — **Bry** (Théodore de) (367). Pièces rondes pour coupes ornées d'une bordure sur fonds noirs, avec portraits de trois Césars. In-4 Très belles épreuves. 2

326 — Pièces rondes pour soucoupes. 1º *Le Capitaine de Follie*, offrant une tête à deux faces, qui représente, d'un côté, le duc d'Albe, et de l'autre, le masque de la Folie ; 2º *Le Capitaine prudent*, montrant le portrait de Guillaume de Nassau ; 3º *Orgueille et Follie*, tête de bouffon. Cette dernière représentait autrefois le Pape, mais l'artiste dut changer sa planche. Toutes ces pièces sont entourées de bordures historiées sur fonds noirs. Ces estampes, curieuses et rares, sont très belles d'épreuves. In-4. 3

327 — L'Avarice, représentée par des sujets traités d'une manière bizarre, dans une frise demi-circulaire. In-4, remargée. Très rare.

328 — **Bullet** (Pierre) (97). Verschyde Schoorsteen Mantels. J. Ottens excud. In-fol. Suite complète. 22

329 — **Buschmachr** (Jean) (390). Les Mois de l'année. Sujets renfermés dans des cartouches. Suite complète du 1er état, avant la signature au mois de Janvier. In-fol. 12

330 — **Calligraphie.** Pièces tirées de : Instruccion de los principios. Pedro Diaz Morante faciebat. En Madrid, 1627. In-fol. Rares. 31

331 — Alphabet orné de figures mythologiques, compris dans des cadres rectangulaires ornés, dessiné et gravé par J. Paulini. XVIe siècle. In-4 obl. vél. 20

332 — Alphabet complet, plus les voyelles, composé de petits personnages et d'ornements. In-4. Cahier complet, publié chez Engelbrecht, sous le no 438. 4

333 — **Caravage** (Polidore de) (286). Vases décorés de figures et d'ornements, d'après ceux qui existent dans les jardins de Rome. In-fol. Suite complète, avec la date de 1628 et la dédicace. 10

334 — **Charbonier** (à Paris chez). Desseins à l'usage des Orfèbres. In-fol. Cahier complet. Marges. 4

335 — **Charpentier** (R.) (191). Premier Livre de différents Trophées. Gravé par Huquier. In-fol. Suite complète. 12

336 — Second Livre de différents Trophées. Huquier et Blondel sculp. In-fol. Cahier complet. 12

337 — **Chereau** (A Paris, chez). Cheminées et Glaces. In-fol. Cahier complet. 6

338 — **C. J.** Maitre au Monogramme (334). Caprices. Motifs rocailles en forme de racines et de vieux troncs d'arbres. In-4. Cahier complet. Toutes marges. 8

Guilmard s'est trompé en attribuant cette suite à un maître ayant signé : *C. J.* Il faut lire, sur le titre : CAPRIC | CI, et non pas *Caprici C. J.* L'artiste reste donc anonyme.

339 — **Collan** (Jacques) (510). Nouveau Livre d'ornemens, gravez en taille-d'épargne enrichis de figures pour l'usage des orfesvres, graveurs et orlogers. Inventé et gravé par Jaques Collan, graveur à Rotterdam. Une pièce et le titre, gravés sur la même planche. In-8. Très belle épreuve. Extrêmement rare.

340 — **Cuvilliès** (François) (163). Dix-neuvième Livre. T : Décorations de lambris. Cahier complet. In-fol. Belles épreuves. 6

341 — Livre de cartouches réguliers, nouvellement inventé, etc. In-fol. Suite complète. Marges. 6

342 — Livre de cartouches irréguliers, nouvellement inventé, etc. In-fol. Complet. Tache. 8

343 — **Delafosse** (Charles) (217). Planches de l'Iconologie : Cahier E. Trophées des Arts. — Cahier F. Vases en hauteur. — Cahier G. Vases et cartouches. — Cahier K. Consoles. — Cahier L. Tables grecques et pieds-de-biche. — Cahier M. Fontaines. In-fol. Ces six cahiers sont complets et à toutes marges. 36

344 — 26e Cahier BB : Bras de Cheminées et Girandoles. In-fol., par Bertault. Complet. 6

345 — 27e cahier CC : Flambeaux de table et Chandeliers. In-fol., par Berthault. Complet. 6

346 — 34e Cahier KK : Pendules, Feux et Tables. In-fol., par Berthault. Complet. 6

347 — Titres des six Livres de Trophées. Trente-septième à quarante-deuxième de l'Œuvre. In-fol., par Le Canu et Jacob. Belles épreuves. 6

348 — **De Marteau** (159). Motifs propres à l'ornementation des crosses de fusils. Petit in-fol. Rares. 5

349 — **Demarteau** l'aîné (194). Premier (et second) Livre de Leçons d'Ornemens, dans le goût du crayon, dédiés à Mgr le Duc de Chaulnes, etc. Dessiné par Gifard. In-fol. Deux cahiers complets. Marges. 12

350 — **De Puisieux** (261). Cahier BB : Elévations de Cheminées dans le goût antique. In-fol. Complet. Toutes marges. 4

351 — **Dumont** (Gabriel-Martin) (212). Différentes vues d'une maison projetée sur un emplacement de la rue St-Louis, près du Parc-aux-Cerfs, à Versailles. In-fol. Cahier complet gravé par Beurlier. 7

352 — **F. D. P.** Maître au Monogramme (110). Petites pièces d'ornements, représentant, la 1re, un rond divisé en deux parties, la 2e un ovale avec coins, et la 3e un petit flacon avec figures de femmes sur la panse. Ces pièces portent toutes la marque, sont ornées de rinceaux de feuillages blancs sur fonds noirs, dans le genre de celles de Daudet et de Bourguet. Très belles épreuves, avec marges. Fort rares. 3

353 — **Floris** (Corneille) (477). Veelderleij Veranderinghe van grotissen ende Compertimenten...., ghedruckt bij Hieronimus Cock, 1556. In-fol. Complet? Rares. 6

354 — **Folkema** (511). Alderhande Voorbeelden van Doorgebroken Zilversmids werk...., mis en lumière par Carl Allard, d'Amsterdam. Premier cahier de 6 pièces, moins la pl. III. In-fol. Belles épreuves. 5

355 — **Furstein** (Paul) (411). Neues Blum und Laube Buchlein zufinden bey Paulus Fursten Seel : Wittib und Erben. In-4. Cahier probablement complet, non cité par Guilmard. Extrêmement rare. 8

356 — **Gentsch** (André) (371). Spitzen büchle leïcht und mit wenig müeh, etc. Augsb., 1567. Frises ornées de rinceaux. In-12. Rarissimes. 2

357 — **G. K. P.** Maître au Monogramme (Bartsch, IX, 33). Montant d'ornement : Judith, 1533 (B. 8). Très belle épreuve. Fort rare.

De ce qu'a écrit Bartsch au sujet de cette pièce, il résulte qu'il n'en vit jamais que la partie supérieure, décrivant le reste de confiance, mais exactement, comme dessin de gaîne.

358 — Montant d'ornement portant le monogramme et la date 1533 : Génie ailé assis au pied de feuillages d'orfèvrerie. (H. 0,088, L., 0,040 mill.). Très rare.

Non cité par Bartsch.

359 — **Goz** (G.-B.) (435). Riches portiques rocailles contenant des figures de femmes supportées par des motifs emblématiques : Fides, Spes, Charitas, Bonorum Operum. In-fol. Cahier complet. 4

360 — **Gravelot** (165). Petites vues dans des cartouches in-8 en largeur. Jolie suite numérotée de 1 à 10. Belles épreuves. Marges. 10

361 — **Gribelin** (Simon) (107). Panneau orné de rinceaux, de figures et d'ornements sur fond blanc et noir. In-fol., n° 9 de la suite. Belle épreuve. Marge. Rare.

362 — **Grim** (S.) ou **Grimm** (Nagler 381). Neues Blumenn Büchlein. Frises de fleurs et insectes. La signature est sur la dernière pièce. Suite complète. 12

363 — **Habermann** (439). Cahier 136 : Voitures diverses. Suite complète. Marges. 4

364 — **Haguenauer** (J.). Cahiers XIV et XV de Boutons. Suites complètes de chacune 12 pièces à deux sur la feuille. In-fol. 24

365 — **Hauer** (458). Cahier de Dessins à l'usage des Artisans d'architecture en général. Cahier G, complet. In-fol. Marges. 4

366 — **Hay** (D. R.). Original geometrical diaper designs, accompanied by an attempt to develope and elucidate the true principles of Ornamental Design as applied to the Decorative Arts. London, 1844; in-fol. obl., rel. toile, 57 pl. lith.

367 — **Hollar** (397). Pointe d'un fourreau d'épée, d'après Holbein (Parthey, 2598). Superbe pièce. Très riche ornementation. Belle épreuve. Fort rare.

368 — **Horlogerie**. Pendule monumentale faite par Jacob Iancke, à Leyde, vers 1700. Elle représente une table richement ornée, que surmonte une vitrine contenant un jardin, clos de treillages, où se voient des personnages et animaux automates. La pendule, d'argent, couronne l'ensemble. Grand in-fol. Très belle épreuve. Curieuse estampe.

369 — **Houdan** (J.). (237). Ier Cahier de petits Vases. In-4, complet. Marges. 6

370 — **Jacques** (210). Nouveau Livre de Fleurs, d'après M. Jacques, peintre du roy en la Manufacture royale des Gobelins. Gravées par P.-F. Tardieu (Cahier A). — Nouveau Livre de Roses, etc. (Cahier B.). Deux suites complètes, de chacune six feuilles. In-fol. 12

371 — **Janneret** (261). Xe Cahier des Arabesques de La Vallée Poussin, gravées par Guyot. In-fol. Suite complète. 4

Charmantes décorations d'appartements Louis XVI.

372 — **Lalonde** (241). Premier Cahier A : Bordures et cadres avec profils. Berthault sculp. In-fol. Complet. 6

373 — Troisième Cahier C : Pieds de meubles. Le Meunié sculp. In-fol. Complet. Toutes marges. 6

374 — Quinzième Cahier P : Modillons et Rosaces. Foin sculp. In-fol. Complet. 6

375 — Ve Cahier d'ameublemens E : Confident et détails. Delagardette sculp. In-fol. (Manque la pl. VI). Marges. 5

376 — VIIIe Cahier d'Ameublements H : Fauteuil carré. Delagardette sculp. In-fol. Complet. Marges. 6

377 — Quatrième Cahier D de Meubles et d'Ébénisterie. De St-Morien sculp. In-fol. (Manque la pl VI). Toutes marges. 5

378 — Cahier de Meubles, publié chez Will, à Augsbourg. In-fol. Complet. 4

379 — **Le Clerc** (P.-T.) (264). VIIe (et VIIIe) Cahier d'Arabesques dessinées par M. Le Clerc et gravées par Guyot. In-fol. Complets. 8

380 — **Le Clerc** (Sébastien) (95). Les Saisons. Tapisseries du Roi. In-fol. Très belles épreuves. 4

381 — **Le Geay** (G.-L.) (238). Fontaines inventées et gravées par Le Geay. In-fol. Belles épreuves sans titre. 5

382 — **Le Pautre** (Jean) (68). Cahier 61 : Alcòves à la Romaine, nouvellement inventées et gravées par J. Le Pautre. In-fol. Suite complète. 6

383 — Trophée d'Armes, nouvellement inventée et gravée par J. Le Pautre. In-fol. Suite complète. 6

Cette suite ne fait pas partie des trois volumes et doit s'ajouter à l'œuvre.

384 — **Leprince** (Jean) (224). Ovales équarris présentant des ruines romaines. In-fol., par Saint-Non. Belles épreuves, marges. 5

385 — **Le Roux** (J.-B.) (149). Décoration intérieure de l'hôtel de Roquelaure, du dessin de M. Le Roux, architecte à Paris. Suite complète. Toutes marges. Rares. 6

386 — **Le Roy ?** (Henri) (38). Plusieurs Oyseaux au servisce de tous ceux qui aiment à portraire. Vischer excud., 1649. Suite complète de dix frises à deux sur la feuille et d'un titre. Marges. 11

387 — **Marillier** (C.-P.) (234). Nouveaux Trophées ou Cartouches représentant les Arts et les Sciences, etc. In-fol. Très belles épreuves, toutes marges. Suite complète de 13 pièces, y compris le titre, au lieu de douze décrites par Guilmard, qui ne cite pas la pl. représentant la Géographie. 13

388 — **Marot** (Daniel) (103). Nouveau Livre de Serrurerie. Grilles d'entrée, balcons et rampes d'escaliers. In-fol. Suite complète. Toutes marges. 6

389 — Nouveau Livre de Vases et de Pots de Jardins. In-fol. Suite complète. Toutes marges. 6

390 — Nouvelles Cheminées à panneaux de glace, à la manière de France. In-fol. Suite complète. Toutes marges. 6

391 — Nouveau Livre de Boîtes de Pendules, de Coqs et Estuys de Montres et autres, Nécessaire aux Orlogeurs. In-fol. Suite complète. Toutes marges. 6

Un des plus beaux cahiers de l'œuvre, et aussi des plus intéressants, donnant des adresses d'horlogers du XVIIe siècle.

392 — **Marot** (Jean) (82). Cahier de divers Vases numérotés de 1 à 15 (sur 16). In-fol. Très belles épreuves. Rares. 15

393 — **Meissonnier** (J.-A.) (155). Projet d'une grande Pendule placée sur un panneau. In-fol., par Huquier. Très belle épreuve. Tache.

394 — Grand Cartouche architectural, gravé par P. Aveline. Grand in-fol. Très belle épreuve avec le fond blanc (titre manuscrit). Marge.

395 — Vue perspective d'une grande galerie ornée de glaces et richement décorée. In-fol. Très belle épreuve.

Cette belle pièce étant avant toutes lettres et avant les noms des artistes, n'est qu'attribuée à Meissonnier.

395 — **Meyer** (Théodoric) (393). Pendeloques enrichies d'ornements grotesques. Dans le bas petites figures d'hommes et d'animaux. N°s 2, 6 et 9. Rares. 3

397 — **Mignot** (Daniel) (375). Pendeloques ornées de perles ou de pierreries enchâssées dans des rinceaux d'une forme originale, et accompagnées d'une foule de petits motifs qui remplissent les planches. Ces motifs sont tantôt sur fond noir et tantôt modelés. Petit in-4. Superbes pièces d'une grande beauté. Rares. 6

398 — Suite de douze pièces, plus un titre avec alphabet blanc sur fond noir. Petits dessins noirs sur fond blanc. 1595. 13

Il ne manque qu'une seule pièce à cette jolie suite, qui est de la plus grande rareté.

399 — **Mobilier**. Le siège moderne, par Eug. Prignot, archit.-décorateur. Paris, Claesen, 1885, in-fol. demi-rel., 24 pl. lith. color. (manque la pl. 3).

400 — Vade-mecum du tapissier, par Ch. Muidebled. Paris, 1835, in-4 demi-rel., 55 pl. lith. color.

401 — Album de *Dessins* de Meubles de la fin du 1er Empire. In-4 obl. demi-rel., 24 pl. coloriées, donnant 28 modèles de sièges, lits, canapés, toilettes.

402 — Das Kunsthandwerk. Stuttgart, 1874-1875. Première et deuxième années. In-4 rel. toile. Nombreuses gravures en noir et en couleur.

403 — **Modelio** (Melchior) (491). Septem psalmi Davidici, etc. Melchiore Modelio monacensi authore, Hieron. Wierx sculp. fig., Petrus Firens excudit à Paris, 1608. Suite complète. Rares. 8

404 — **Moncornet** (Baltazar) (54). Livre nouveau de Fleurs très utile pour l'art d'orfèvrerie et autres. Dédié à Jean de Leins. Paris, chez Balt. Moncornet, 1645. Fleurs avec petits paysages vers le bas. Suite complète. 12

405 — **Monnoyer** (J.-B.) (84). Livre de Bouquets, corbeilles et vases de fleurs, dessinés d'après nature par Baptiste. Cahier complet. Très belles et rares épreuves anciennes. 6

406 — **Moreau** et **Lavallée Poussin**. Arabesques propres à la décoration des appartemens, gravées par Guyot. Les quatre premiers cahiers complets. Belles épreuves. 16

407 — **Morisson** (F.-J.) (407). Fortsetzung von verschiedenen neuen und curieusen Inventionen von Geschmuck, Zierathen und Galanterien, so wohl den Vornehme Stands-Persohnen, etc. Motifs pour la Bijouterie et la Joaillerie. Gravés par J.-A. Pfeffel et publ. à Augsbourg chez Jér. Wolff. Suite complète. Très belles épreuves. 6

408 — **Mosyn** (509). Verscheyde de Constige Vindingen om in Gout, Silver, Hout in Steen te wereken, etc. Buires, chandeliers et fonds de plats. Suite complète de six pièces et un titre. (Guilmard n'en cite que quatre, plus le titre, qu'il donne à l'œuvre d'Eeckhout). 7

409 — **Nilson** (J.). (444). Vingt-huitième Cahier : La Médecine, le Droit. — Le Négoce, le Dessin. Vingt-neuvième Cahier : L'Occupation, la Promenade. — Le Travail, le Repos. Petit in-fol., d'après De la Motte. Cahiers complets. 4

410 — Quarante-huitième Cahier : Petits Cartouches propres à contenir des inscriptions ou adresses. Quatre pièces au lieu de deux citées par Guilmard. Belles épreuves. 4

411 — **Oppenort** (G.-M.) (141). Le portrait du Maître, dans un cadre richement orné. In-fol., par Huquier. Très belle épreuve de ce beau et rare portrait.

412 — Quatrième Livre D, contenant des montans ou pilastres. In-fol. Huquier sculp. Suite complète. Belles épreuves. 6

413 — Septième Livre G, contenant des Fontaines pour la décoration des jardins et places publiques. Huquier sculp. In-fol. (manque le n° 2). Grandes marges. 5

414 — **Ottens** (R. et J.). Cahier de Grilles et rampes d'escaliers. D'après Le Pautre. In-fol. Suite complète. 6

415 — **Petitot** (225). Premier Cahier : Magasin des Modes, de 1 à 4. — Deuxième Cahier : IIe suite d'Habillement à la grecque, de 5 à 8. In-fol., sans noms d'artistes. Deux cahiers complets. Toutes marges. 8

416 — **Picart** (B.) (118). Suite de six pièces, dont une de double format, et un titre : Premier des magnifiques Carrosses de Mgr le Duc d'Ossuna, ambassadeur extraordinaire et premier plénipotentiaire de S. M. cathol. Philippe V, etc., en 1713. Chez B. Picart, à Amsterdam. In-fol. 7

La pièce double représente le carrosse entier et les cinq autres les détails. Très belle ornementation Louis XIV.

417 — **Queverdo** (F.-M.) (232). Premier Cahier de Panneaux, Frises et sujets arabesques. Complet. — Deuxième Cahier : les quatre Saisons. In-fol. Belles épreuves. 10

418 — **Rabel** (J.) (37). Cartouches en hauteur ornés à l'intérieur de sujets et de paysages. In-fol. Marges. 11

419 — **Roscher** (G.-M.) (449). Châssis de miroirs représentant des cadres de glaces rocailles. In-fol. Suite complète. 4

420 — **Rumpp** (Jean) (450). Neu inventierte sehr dienliche Schilde oder Cartouches. No 7 de Mart. Engelbrecht. Suite complète. 6

421 — **Salviat** (J.-Fr.). Couteaux. Gravés à deux sur la feuille, par Marc Sadeler. In-fol. Belles épreuves. 2

422 — **Salembier** (245). Cahier de Frises, composées et gravées par Salembier. A Paris, chez Chereau. Quatre motifs sur la feuille. Mélange de rinceaux, d'enfants et de personnages. In-fol. Suite complète. 6

423 — **Schubler** (J.-J.) (427). Quatrième cahier : Mausolées et Monuments funéraires. In-fol. Complet. 6

424 — **Simonin** (109). Plusieurs pièces et ornements d'Arquebuserie. Nos 2, 3, 5, 6, 7, 8, 9. In-fol. 7

425 — **Stella** (Le chevalier Jacques) (50). Livre de Vases. In-fol. 27

426 — **Stephanus** (18). Ecran ou Miroir à main, représentant Médée rajeunissant Æson ; 1561 (R. D. 314). Fort rare.

427 — **Torelli** (Jacques). Décoration théâtrale. Les différentes scènes de l'opéra : Vénus jalouse. In-fol., par Aveline. 10

428 — **Toro** (J.-B.) (115). Cartouches nouvellement inventez par J.-B. Toro. In-fol. Suite complète. Belles épreuves. 6

429 — Livre de frises inventé de Bernard Tarot, sculpteur du Roy. A Aix, chez Balth. Pavillon. Suite complète. Belles épreuves. 6

430 — **Vauquer** (Jean) (85). Livres de Fleurs propres pour Orfèvres et Graveurs. A Blois, par J. V. Suite complète. Marges. 8

431 — **Vien** (J.-M.) (210). Vases composés dans le goût antique, dessinés par J.-M. Vien, et gravés par Marie-Thérèse Reboul, sa femme ; 1760. In-fol., suite complète. Belles épreuves, à toutes marges. 13

432 — Vases dessinés d'après les originaux de Rome. Suite complète. Toutes marges. 12

Guilmard ne cite pas cette suite, mais nous croyons devoir l'attribuer à Vien.

433 — **Vos** (Martin de) (484). Cartouche contenant des titres de suites d'estampes. Réunion probablement complète. Très belles épreuves. Marges. 12

434 — **Vriese** (Vredemann de (480). Décorations de Puits. Suite complète, gravée par Ph. Galle. In-4. Très belles épreuves. 24

435 — Différents pourtraicts de Menuiserie, ascavoir Portaux, Bancs, Escabelles, Tables, Buffets, Frises ou Corniches, Licts-de-camp, Ornements à pendre l'essuoir à mains. Fontaines à lauer les mains. Propre aux Menuiziers et autres amateurs de telle science. De l'invention de Jehan Vredeman dict de Vriese, et mis en lumière par Philippe Galle. In-fol. Suite de dix-sept pièces dont nous ne possédons que quinze. 15

Très belles épreuves. Cette suite est remarquable ; elle donne une idée exacte de l'ameublement flamand au XVIe siècle.

436 — **Wachsmuth** (Jérémie) (451). Vingt-cinquième Cahier : Les Saisons. Suite complète. 4

437 — **Watteau** (Antoine) (344). Livre nouveau de différents Trophés inventés par A. Watteau, gravés et publ. par Huquier. In-fol. Suite complète, sans titre. 11

438 — Titre de : Recueil contenant des Cartes nouvelles. In-fol. Cartouche. Copie du frontispice de l'Œuvre de Watteau, que grava Moyreau. Très belle épreuve.

439 — **Weigel** (Christophe) (423). Modèles de Traîneaux rocailles. Suite complète de six pièces, au lieu de cinq citées par Guilmard. Belles épreuves. 6

440 — **Zancarli** (Polifilo) (313). Verscheyden aerdige Morissen. C.-J. Visscher excudit, 1636. Frises grotesques. Belles épreuves. 12

Troisième Vacation

ADAM (Victor)

441 — La Parisienne. Chant des 27, 28, 29 juillet 1830. In-fol. avec la musique. Très belle épreuve.

442 — Le Bien et le Mal. Paris, Aumont. Trois cahiers avec leurs couvertures. 18

443 — Passe-temps. Paris, Aumont. Lithogr. avec couverture. 9

444 — Charades alphabétiques. Paris, Bance. Suite complète dans la couverture. 25

445 — Panidochème, ou toutes sortes de voitures. Paris, Motte, 1830. Suite complète dans la couverture. Belles épreuves. 12

446 — Phaëton anglais. — Coupé de ville anglais. — Voiture bourgeoise à un cheval. — Malle-poste. — Le retour du postillon. — Nouvelle malle-poste. — Voiture omnibus de Paris. — Voitures de places, dites fiacres. En noir et coloriées. In-4. 8

447 — Cortège des étudiants d'Utrecht, le 16 juin 1836, pour les fêtes d'Ostende. Paris, lith. de Lemercier. Suite complète de dix pièces en forme de frises. Très belles épreuves, coloriées. Rares. 10

448 — Mélange. Suite ayant rapport à la vie de Napoléon. Paris, s. d. Série complète et couverture. 6

449 — Histoire de Napoléon. Suite de sujets composés et dessinés par V. Adam, les portraits par N. Maurin. Paris, Jeannin, s. d. In-fol. Neuf pl. et couverture. 9

450 — Scènes du retour des cendres de Napoléon. Lithogr. d'Arnout et figures de V. Adam. In-fol. Belles épreuves. 10

ADRESSES

451 — James *Figg*, maître d'armes anglais. — John *Shaw*, maître d'hôtel. In-4, par Hogarth. Rares. 2

452 — A la Teste noire. Larcher, marchand papetier. 1756. In-8. Très belle épreuve.

453 — A l'Astrolabe. Cadot, gendre de Macquart, ingénieur ordinaire du roy pour les instruments mathématiques. Paris, 1728. In-4. Belle épreuve. Restaurée. Rare.

454 — Manufacture nationale. Fabrication particulière de nécessaires à barbe et de rasoirs d'acier fin. Le Petit-Walle, aux Quinze-Vingts, faubourg Antoine, à Paris. Gravé en 1783 par J. Le Roy. In-fol. en larg., montrant l'intérieur de la manufacture. Curieuse pièce. Très belle épreuve. Marge. Fort rare.

455 — Le Café royal d'*Alexandre*. Pièce caricaturale à coiffure. In-fol. Belle épreuve.

456 — Coeffure à l'Espoir. Adresse de *Depain*, rue St-Honoré. Petit in-fol., coloriée. Belle épreuve. Marge.

457 — Coeffure aux Charmes de la Liberté. Autre adresse de *Depain*. Petit in-fol., coloriée. Belle épreuve. Marge.

458 — Cartouches pour Adresses. Réunion intéressante de jolies pièces d'encadrement. In-fol. et in-4. Belles épreuves. 11

459 — *Ramponneau*, la taverne à la mode. Belle épreuve de cette curieuse pièce. In-fol. Marge.

460 — Salle de lecture et de souscription du *Lloyd*. In-fol., par Rowlandson, 1809. Très belle épreuve. En couleur. Rare.

461 — *Berthelemot*, confiseur au Palais-Royal. In-fol. Coloriée. Jolie pièce à costumes du commencement du siècle. Toute marge.

462 — *Lecomte*, professeur (maître d'armes). Litho. in-fol., coloriée. Belle épreuve. Rare.

463 — Cartes de visites : Le Comte d'Havrincour. — Dutaillis. — Sir Robert Wilson. — William Peacock. — Thomas Lauth. — Sir J. Frederick. — Carte de congratulations pour le jour de l'an, par J.-A. Klein. 7

464 — Adresses de : Mme Fouchet, marchande de modes. — Schulgen et Schwan, éditeurs. — Isaac Vital et fils, à Calais. — Vallayer, orfèvre. — Café Brillat-Savarin. — Aug. Delattre, imprimeur. — Rambaud, à Lyon. — Casaubon, fleurs et plumes. — Ricard, écrivain-dessinateur. — Ant. Oleszczynski, rue St-Jacques à Paris. 10

465 — Adresses de : Detouche, horloger. — Hippolyte, mouleur. — Jules Leroux, peintre en lettres. — Malteste, lithographe. — Maison de la Légion d'honneur, à St-Denis. — Jaillard, à Lyon. — Suchel, à Thizy, etc. 16

466 — Adresses de : Chocolaterie de Passy. — Lefébure, dentelles. — Bance, marchand d'estampes. — Etiquettes de boîtes de cigares. Etc. 18

467 — Tickets, par Bartolozzi, Cipriani et Hogarth, pour des Concerts à Londres. Belles épreuves. 5

468 — Cartes d'entrée aux ascensions aérostatiques de V. Lunardi. — Cirque Olympique. — Opéra Comique, 1829. — Comédiens français en Italie. XVIIIe siècle. — Concerts divers. 10

469 — Menus et Programmes : Château d'Eu. — Ville de St-Etienne. — Cafés. Etc. Formats divers. La plupart illustrés. 45

470 — Adresses de Libraires, Graveurs, Papetiers, Lithographes, Relieurs, Fabricants de Papiers peints, Typographes, Imprimeurs. Etc., avec petits sujets ou encadrements. Curieuse collection de Cartes du milieu du siècle. 75

471 — Faire-part mortuaires : Damoiselle Marg.-Charlotte Badin, veuve de Ch. Pelletier, 1er secrétaire du Procureur général, 1759. — Marie-Thérèse Levrard, épouse de Jacques Delaruelle, marchand tablettier et Bourgeois de Paris, 1766. — P. Charonnier d'Hauterive, sgr de Fleury, commandant au gouvernement de Rocroy, 1774. — Messire Louis Mettra, prêtre, curé de St-Merry, 1774. In-fol., avec initiales gravées en bois. Rares. 4

472 — Invitations. — Souhaits de nouvel an. — Cartes d'entrée. — Faire-part de mariages. — Billets de bal. — Souvenirs de jubilé. - Distributions de prix. — Bons points. Intéressante collection. 60

473 — Menus de banquets, restaurants. Impressions en teintes variées, avec vignettes. 15

474 — Vignette d'un billet de banque de l'Indo-Chine. Epreuves d'artiste en états différents. 2

475 — Diplôme de bachelier ès-lettres. — Brevet de compagnonnage. — Titre d'officier de santé. Brevet d'armes. — Congé absolu, dessiné par Carle Vernet. In-fol., sur papier et parchemin. 5

476 — Les Noms, Qualitez, Armes et Blasons de Mrs les Secrétaires d'Estat. — Porte Oriflamme de France. — Colonels généraux de l'Infanterie françoise. Gr. in-fol., par Chevillard. Nombreuses armoiries. 2

477 — Ex-libris : *Talegrand*. Sans nom de graveur. Imité d'un joli cartouche de Watteau. Très belle épreuve. Rare.

478 — Ex-libris : Clary de St-Angel. — B.-C. Fevret de St-Mesmin. — Gouget, marquis de Nadaillac. — J.-B. Savoye. — Bertin. — Cornet de Grez. — De La Luzerne. — De Nicolay. — Château de Franconville (Régnier de Massa). — Charles de Constant Rebecque. — E.-F. de La Cuisine. — Marquis de Balleroy. — Duc de Brancas (Rare). — Nicolas Taverne, avocat — Germain Barré, curé de Monville, près Rouen. 15

479 — Ex-libris : Le Tellier de Courtanvaux. — Chevalier Claret de Fleurieu. — De Lamarck, famille Mirabeau. — Le Vacher du Plessis. — Lannoy de Clervaux. — J.-B. L'Ecuy, abbé de Prémontré. — De Cacqueray (Normandie). — Jean-Louis Gourgas. — Le Bas de Courmont. — Libert de Beaumont. — Marquis d'Auxy (Somme). 11

480 — Armoiries du Duc d'Aiguillon, de Léopold II, du duc d'York, d'un membre de la Noblesse du 1er Empire. Etc. 7

481 — Blasons de Familles françaises tirés d'un Armorial. In-8. Marges. 55

482 — Blasons divers de Familles françaises et étrangères. En noir et coloriés. 29

ALBANI BEAUMONT

483 — Voyage historique et pittoresque du comté de Nice. Genève, 1787. In-fol. dérel. Suite complète de douze jolies vues en couleur et seize ff. de texte. 12

ALIX (P.-M.)

484 — *Bossuet*. Ovale. In-fol. En couleur. D'après Rigaud. Très belle épreuve, avec l'adresse de Drouhin.

ANONYMES

485 — Voltaire couronné par les Comédiens françois, le 30 mars 1778. Petit in-fol. Très curieuse estampe.

486 — Jeune femme nue montée sur un cheval formé de corps de femmes nues. Pièce ronde, in-fol., au lavis de bistre. Belle épreuve. Marge.

BASAN (F.)

487 — Babichon. — Nicodème. Pendants in-fol., d'après L. Vigée. Belles épreuves. Marges. 2

BASSET (à Paris chez)

488 — L'Elève de la Nature. — Les plus doux Plaisirs de l'Hymen. Pendants petit in-fol. En couleur. Sans nom d'artistes. 2

BEAUVARLET

489 — Sacrifice à Priape. In-fol., d'après J. Raoux. Très belle épreuve.

BENNER (H.)

490 — Collection de vingt-quatre Portraits de la Famille Impériale. St-Pétersb. et Moscou, s. d. In-fol. en cart. Jolis portr. gravés par Mécou et John. Manquent 4 portr. On en a ajouté 4 avant la lettre. 24

BERTAUX (H.-G.)

491 — Le moment d'hilarité universelle, ou triomphe de MM. Charles et Robert au jardin des Tuileries, le 1er déc. 1783. In-4 en larg. Très belle épreuve de cette jolie pièce à ballon.

BONNART (H.)

492 — La Famille d'Orléans. — La Maison Royalle de France. — Mme la Princesse de Conty. — Mlle d'Armagnac (Charlotte de Lorraine, 1677-1757). In-fol., en pied. Epreuves en noir et coloriées. 4

BONNET (L.)

493 — Dame Russe. D'après Le Prince. — Les Enfants chéris. D'après Lagrenée. In-fol. En couleur. Belles épreuves. 2

494 — Etude de la Musique. — Etude de l'Architecture. Ovales, in-fol., d'après Le Clerc. Belles épreuves, à la sanguine. 2

495 — Têtes de femmes. Ovales. In-fol., à la sanguine. D'après Le Clerc. Belles épreuves. 2

BONNET (à Paris chez)

496 — Les Raisins. Petite pièce grivoise, impr. en couleur. Belle épreuve. Fatiguée.

497 — Jeannot et un garçon pâtissier. — Ragot montrant le tableau. In-4. En couleur. Marges. 2

BOREL (d'après)

498 — L'Indiscret. Par Dequevauviller. In-fol. Très belle épreuve.

BOSSE (Abraham)

499 — Portrait de *Callot* (G. D. 1234). In-fol. Très belle épreuve.

BOUCHER (d'après F.)

500 — Vénus et les Amours, par Demarteau. In-fol. Très belle épreuve à la sanguine. Marge. Jolie pièce.

501 — Vénus au bain. Par L. Bonnet. In-fol. Très belle épreuve à la sanguine. Marge.

502 — Femme nue couchée sur un lit au milieu de draperies. In-fol., par Demarteau. Belle épreuve, à la sanguine.

503 — Les douceurs de l'Été. Par Moitte. In-fol. Très belle épreuve.

504 — Les Cris de Paris. Par Ravenet. Jolies pièces. Originaux et copies retournées. In-fol. 7

CANALE (Ant.), dit Canaletto

505 — Vues du Grand Canal, à Venise. 1735. In-fol. obl. en 3 part. A. Visentini inv., del. et sculp. (manque 1 pl.) 37

CANOVA (d'après A.)

506 — Imago puellæ Transtyberinæ. — Veneris pulchritudinem satirus detegit et admiratur. Pendants in-fol. coloriés, par Séb. Lovison. 2

CARÊME (d'après)

507 — Le Baiser Napolitain. — Le Baiser rendu. In-fol., par Flipart. Belles épreuves. Marges. 2

CARICATURES

508 — Grimaces, par Boilly. Lithogr. de Delpech. In-fol., coloriées. Très belles épreuves. 12

509 — Pièces tirées du *Bon genre* : Le joueur de baguettes. — Le joueur de bâton. — Coryphées d'un bal paré. — L'incomparable Ravel. — L'embarras des queues. — Promenades aériennes. — L'équilibre du chandelier. — Le château de cartes. — Le baiser à la capucine. — Le vieux jeune homme. Très belles épreuves, coloriées. 10

510 — Dentistes. Le Baume d'acier. — L'Arracheur. — Sans douleur. — Le médecin du roi de Perse. Etc. Grav. et lith., en noir et coloriées. 9

511 — Barbiers, perruquiers. Un jour de barbe. — Le barbier égyptien. — Déclaration d'un coiffeur. Etc. Eaux-fortes, grav. et lith., en noir et coloriées. 9

512 — Théâtre. La loge rôtie. — L'engagement. — Le départ pour Londres. — La couronne théâtrale disputée. — La méprise — Le serment des claqueurs. Etc. Grav. et lithog., in-fol., en noir et coloriées. 9

513 — Les Anglais. Trait de sensibilité. — Graduation de la famille anglaise. — La famille anglaise au Muséum. — Départ et Arrivée. — Les Anglais à l'estaminet. — Distraction d'un afficheur. — Anglais à la promenade. — Les Anglais en Bourgogne. Etc. In-fol., coloriées. 15

514 — Aveugles. Les mésaventures. — Il n'y a qu'un chien pour ça. — Il y a plus malheureux que moi. — Le mendiant. Etc. En noir et coloriées, par Boilly, Martinet et autres. In-fol. 7

515 — Voitures. Un derrière de diligence. — Les messageries Lafitte et Caillard. — Un banc d'omnibus. — Deuxième banc d'omnibus. – Madeleine-Porte St-Martin. Curieuses pièces. 5

516 — Mœurs et Modes. Les chapeaux à l'irato. — Quel est le plus ridicule. — Encore des Chinois. — Les invisibles en tête à tête. — Jocrisse possédé du diable. — Maison d'assurance contre les piqûres. — Précaution d'un bon mari. Etc. In-fol., coloriées. 10

517. — Paris. Désagrémens des parapluies, quai Voltaire. — Les embarras de la rue St-Honoré. — Les chanteurs ou les musards des quais. — Une soirée des musiciens italiens sur le boulevard. – Marché des Innocens. — Cabinet littéraire des artistes réunis, palais du Tribunat. Etc. In-fol., en noir et coloriées. 12

518 — Grivoiseries. Je vous en ratisse. — Les Ecossais à Paris, ou la curiosité des femmes. — Le prétexte. – Le repas du chat. In-fol., coloriées. 4

519 — L'Ecarté. — Les Douceurs de l'automne. — L'Epoux heureux. — En voulez-vous mesdames ? — Pureté en danger (copie d'Isabey). — Ah ! je suis préféré. — Le feu de motte. Etc. In-fol., coloriées. 8

520 — 1815. Le gobe-mouches. — L'oiseau envolé. — Royale piquite. – Entrevue à la sortie du territoire. – La colère. — Allons défendre le roi. – Le poupard anglo-français. — Serment des nouveaux Horaces. — Girouette politique. — La bonne charge. — M. de la Rodomontade. — L'Andromaque du midi. — Les descentes de croix. — Le surnuméraire de mars. — La Terreur de 1815. Etc. In-fol., coloriées. 17

521 – Cambacérès. Les habits retournés. — Ma tante Urlurette. — Promenade à jeun. — Loge à l'Opéra. — Promenade au Palais-Royal. — Suite de la Promenade. — Pair ou non ? In-fol., en noir et coloriées. 8

522 — Restauration. Le nouvelliste sans argent. — Départ des quatre fils Aymon. — Conseil merveilleux du duc de Blacas. — Le vétéran francais. — Le zélé defenseur. — Le désespoir de gros Louis. — L'homme aux six têtes. — Trois lurons et l'ombre d'un brave. — Ils tournent selon le vent. — Les diables en mission. — J'espère que vous nous servirez. — M. de la Jobardière. — Le repas du politique. — Je suis ravi de joie. Etc. In-fol., coloriées. 19

523 — Etrangères. La belle Gique et ses amans. — Souvenirs charivariques de Spa. — La pèche ministérielle. — La baleine d'Ostende. — Le grand opérateur — Ah ! papa, quelle belle bulle tu as faite. Etc. Diverses piéces visant Napoléon 1er. La plupart coloriées. 30

524 — Fleurs animées. — Revue des Théâtres. — Voyage pour l'éternité. — Ménagerie. Etc. Par Platel, Grandville et autres. In-fol., coloriées. 40

525 — La Bourse. — L'Assemblée de famille. — La Bascule. — Le jeu de bascule. — L'Anniversaire, parodie des trois Glorieuses. In-fol., en noir et coloriées. 5

526 — Planches tirées du journal *la Caricature*, par Grandville, Raffet, Traviès et autres. In-fol. doubles. 17

527 — Rébus. — Têtes à deux faces. — Grotesques. Etc. En noir et coloriées. 22

CATHELIN (L.-J.)

528 — Charlotte-Geneviève-Louise-Auguste-Andrée-Timothée *d'Eon* de Beaumont, écuyer. In-fol., d'après Ducreux. Très belle épreuve, avec marge.

CHEREAU (à Paris, chez)

529 — Le Matin. — Le Midi. — Le Soir. — La Nuit. Petit in-fol. Très belles épreuves. Marges. 4

CHEVILLET

530 — La jeune Sultane. In-fol., d'après Le Gendre. Très belle épreuve.

COCHIN (C.-N.)

531 — *Dans un roman, Philis sous ce riant feüillage...* In-fol., d'après De Troy, 1735. Très belle épreuve.

COPIA

532 — Le Maréchal-ferrant de la Vendée. (Portrait de Meuris, ferblantier Nantais). D'après Sablet. In-fol., en pied. Très belle et rare épreuve en coul. Avant la lettre. Toute marge.

533 — Madame Irène *Tomeoni*, première chanteuse du théâtre de Vienne. In-fol., en pied, d'après Amico. Très belle épreuve.

COSTUMES

534 — Planches contenant plus de trente coiffures. In-fol. en larg., sans nom de graveur. Belles épreuves. 2

535 — Costumes du quadrille historique de l'Opéra. Paris, Rittner et Cie. In-fol. Lithogr. 15

536 — Costumes de femmes et soldats Suisses, pour vitraux. D'après les dessins de Jean Holbein. A Bâle, chez Christian de Mechel. 1790. Suite complète. In-fol. 10

537 — Gatine. Costumes Normands, d'après Lanté. Petit in-fol., coloriés. 30

538 — Hippolyte Lecomte. Costumes étrangers et français, 1817 et 1818. Lithog. de Lasteyrie et Delpech. In-fol., coloriées. 68

539 — Du même. Choix de costumes des différents peuples de l'Europe. Litho. de Delpech. In-fol., coloriées. 20

COYPEL (d'après Ch.)

540 — La Jeunesse sous les habillemens de la Décrépitude (portrait de Mme *Favart*). — La Folie pare la Décrépitude des ajustemens de la Jeunesse. In-fol., par Lépicié et Surugue. Très belles épreuves. 2

DEBUCOURT (P.-L.)

541 — Siècle de Louis XV. Une soirée chez Madame Geoffrin (en 1755). Gr. in-fol., d'après le Chev. Lemonnier, ci-dev. administrateur des Gobelins. Belle épreuve. Raccom.

Cette estampe ne comprend pas moins de 55 portraits.

DEMARTEAU (G.)

542 — Femme nue, d'après Boucher (45). In-fol. Très belle épreuve à la sanguine. Marge.

543 — Têtes de jeunes femmes, d'après Boucher (90 et 91). In-fol. à la sanguine. Belles épreuves. 2

544 — Etudes d'Enfants, d'après Boucher (93, 94). — Amour debout (206). In-fol., à la sanguine. Belles épreuves à grandes marges. 3

545 — Les Plaisirs innocens. — Jeune femme assise. — Jeune fille au pied d'un arbre. D'après Boucher (174, 175 et 176). In-fol. à la sanguine. Très belles épreuves. Marges. 3

DENNEL

546 — La vertu irrésolue. — L'abandon voluptueux. Pendants in-fol., d'après Vigée et Borel. Belles épreuves. Marges. 2

DESSINS

547 — **Anonyme**. Pièce de milieu en argent pour le Prince Wladimir Bariatinsky. Pastorale d'Amours. Grand in-fol. au crayon noir sur papier bleu. Encadré.

548 — Le Passage de la Mer Rouge. Au lavis avec rehauts de blanc. Grand in-fol. Très belle composition. Encadré.

549 — **Balan** (E.). Vue prise à Abbeville. Plume sur papier teinté et rehauts de blanc. Signé. Encadré.

550 — **Bernard**. Tête de femme (portrait d'une princesse de la famille de Napoléon Ier. In-fol., légèrement lavé d'aquarelle. Joli dessin calligraphique « exécuté à main libre par Bernard, professeur des Pages de LL. MM. Imp. et Royales. »

551 — **Boucher** (F.). Amours sur un dauphin. Crayon rouge. Joli dessin. Encadré.

552 — **Carmontelle** (L.-C. de). Portrait d'un musicien jouant de la contre-basse. Plume et lavis. Encadré.

553 — **Demarteau** (G.). Jeune femme avec une hotte sur le dos dans laquelle est un petit enfant. Crayon rouge. Encadré.

554 — **Dessins chinois**. Scènes de famille. Dessins en couleur sur papier de riz. Fraîcheur exceptionnelle. Pièces remarquables pour l'ameublement, la décoration des jardins, etc. 9

555 — **Dubois**. Projet d'autel pour les Jacobins de Dijon. Plume et lavis. Encadré.

556 — Chaire à prêcher pour les Jacobins de Dijon. Plume et lavis. Encadré.

557 — **Ecole française** du XVIIIe siècle. Seigneur Louis XIII. Crayon noir. Encadré.

558 — **Fachat** (C.). Entrée d'une caverne, avec soldats. Aquarelle gouachée, genre de Demachy. Signée. Encadrée.

559 — **Fessard** (Attribué à). Le Bal de Saint-Cloud. Crayon. A été gravé. Encadré.

560 — **Fuessli** (H.). Portraits des membres de la famille *** (7 personnages goûtant dans un parc). Aquarelle. Encadrée.

561 — **Garden** (Edw.). Jeune femme en toilette de soirée, le cou entouré d'un boa de plumes. Aquarelle. Signée. Encadrée.

562 — **Grandville** (J.-J.). Le Malade et le Médecin. Beau dessin à la mine de plomb. Encadré.

563 — **Ingres**. Jeune femme nue couchée. Crayon et rehauts de blanc. Signé et dédié à Calamatta. Encadré.

564 — **Janinet** (F.). Comédiens dans un parc. D'après Watteau. Aquarelle. A été gravée sous le titre de : Les Comédiens comiques. Encadrée.

565 — **Luti** (B.). Statue d'un Empereur romain. Crayon rehaussé de blanc. Cachet de collection. Encadré.

566 — **Marot** (Daniel). Château en Hollande. Plume et encre de chine. Très beau dessin. Signature apocryphe.

567 — **Miniatures**. Dames Géorgiennes du harem du roi de Perse. Magnifiques miniatures relevées d'or. 2

568 — **Netscher** (G.). Portrait de Dame, à mi-jambes. Plume et sépia. Encadré.

569 — **Noël** (A.). Ruines de l'abbaye de Breuil-Benoist (Eure). Lavis d'encre de chine, avec rehauts de blanc, sur papier bleu. Signé. Encadré.

570 — **Papety** (D.). Sujet mythologique. Fête païenne. Beau dessin au crayon relevé d'aquarelle et de gouache. Signé et daté : *Dom. Papety Roma*, 1845. Encadré.

571 — **Roupert** (L.). Motifs de Bijouterie. Fin dessin au crayon rouge. Signé. Encadré.

572 — **Saint-Igny** (J. de). Un Gentilhomme. — Une Dame noble à l'église. Pendants. Plume et sépia. Encadrés. 2

DIVERS

573 — Vermis sericus, ou l'Elevage du ver à soie. Suite complète des plus curieuse, par Stradan. In-4. Très belles épreuves. Rares. 6

574 — Les effets du Magnétisme..... animal. Curieuse caricature anonyme sur le Mesmérisme. In-fol. obl.

575 — Jeu instructif des Peuples et Costumes des quatre parties du monde et des terres australes. In-fol. A Paris, chez Basset. Très belle épreuve. Rare.

576 — Le jeu de la petite Cendrillon. In-fol., publ. au commencement du siècle. Très belle épreuve. Curieux jeu, intéressant le Théâtre.

577 — Les Règles du jeu de la Constitution, sur l'air du Branle de Mets. In-fol. Curieux jeu où sont représentés quelques portraits, entre autres celui au n° 62, à la porte du Concile, de Mgr le card. de Noailles. Rare.

578 — Carte métallographique de la mine de Semnitz en Hongrie, dans laquelle on trouve l'argent mêlé d'or. Gr. in-fol. Très curieuse pièce.

579 — Café des Incroyables. « Ma parole d'honneur ils le plaisantent » ; 1797. In-fol., coloriée. Curieuse estampe à costumes.

580 — Un intérieur d'Imprimerie. Très curieuse estampe sur bois, de la moitié du XVIIe siècle, représentant les divers travaux d'une imprimerie. On y remarque un ouvrier encrant la forme à l'aide de tampons, et un autre composant au moyen de caractères mobiles. Belle pièce portant la marque d'Abraham van Werdt. Fort rare (Voir Nagler, Monogr., I, 1478).

581 — Trois domestiques de feüe Madame *Le Hay*, peints d'après nature et gravez à l'eau-forte par les D^{lles} Anne et Ursule De La Croix. In-4. Belle épreuve. Rare.

582 — Marie, Lady Newberough Sternberg, née comtesse de *Joinville*. Dess. d'après nature par Louis Pansieri. Lith. de Spengler à Genève. Deux différents portraits à mi-corps dans des encadrements armoriés ornés de fleurs. In-fol. Très rares. 2

583 — Musiciens. Simone *Mayr*. — Ant. *Tamburini*. — Luigi *Marchesi*. — Nic. *Tacchinardini*. — Cl. *Bonoldi*. — *Rossini*. Portraits in-fol. gravés par Bernardoni. Belles épreuves. 6

584 — Centenaires. Noël des *Quersonnières*. — Antonia de *Bourignon*. — J. *Thurel*. — Edw. *Burell*. — C.-J. *Drakenbergh*. — H.-A. *Tessier*. — J. *Causeur*. — J. *Kuiper*. — C.-A. *Littrel*. — *Leclerc*, etc. Grav. et litho., formats divers. 12

585 — Célébrités de la Rue. P. *Fourey*, de la Manche. — *Gravier*, assassin. — *Ravaillac*. — La *Voisin*, d'après Le Brun. — Exécution de R.-F. *Damien*. — *Fieschi* et ses complices. — J.-E. *La Coste* au pilori. — Le mendiant du Pont-Neuf, etc. Grav. et litho. Formats divers. 9

586 — Sujets grivois. Je t'aimerai toujours. — Edouard, vous m'avez perdue. — Sens comme j'ai peur. — Toilette du soir. — Philippe II et sa maitresse. — Jupiter et Léda. — Curiosité de Psyché. — Mars et Psyché. — Jupiter et Io. — Amours de Jupiter et de Danaé. — Une Dame sans gène. — Le petit négligé. — Le salon. — Enfin, je te tiens. — Si je le savais, je t'arracherais les yeux. — Finissez donc, M. Ernest! Etc. Amusantes compositions galantes de Devéria et autres, la plupart coloriées. Lith. in-fol. 27

587 — Paris. Suite de lithographies in-fol. (scènes de mœurs parisiennes), par Bouchot, Traviès, Gavarni, Bourdet, Pruche, Devéria, dans desencadrements teintés, dess. par Malapeau. Pl. numérotées de 1 à 32 (manquent 7 et 11). 30

588 — Imagerie coloriée. Métiers. — Feuilles de soldats. — Chasses. — Sujets historiques de 1830. — Contes pour les enfants. — Convoi de Marlborough. — Cantiques spirituels. In-fol., publ. à Lille, Metz et Chartres. Réunion très curieuse. 11

589 — Vues de Suisse. Jolies petites estampes en couleur. Villes et sites remarquables. Grav. et lith. 20

590 — Métiers. Album de 23 pl. in-fol. en larg., lithogr. coloriées, représentant les artisans à l'œuvre. Autour sont figurés les outils ou produits de chaque profession. Curieux et intéressant recueil. 23

DREVET (P.-I)

591 — Samuel *Bernard*, chev. de l'Ordre de St-Michel, comte de Coubert, conseiller d'Estat. Gr. in-fol., d'après H. Rigaud (1729). Belle épreuve.

DROYER

592 — Ils se suffisent. — Ils s'enchantent. Médaillons in-4, faisant pendants, dans de charmants cadres ornés de fleurs. Très belles épreuves. Toutes marges. 2

593 — Le Vieux Voluptueux. — Le Vieillard mal reçu. Pendants in-fol., dans des médaillons ornés. Très belles épreuves. 2

DUFLOS (Cl.)

594 — La revendeuse à la toilette. In-fol., d'après L. Aubert. Très belle épreuve, avec la 1re adresse. Grande marge.

DUMESNIL (d'après)

595 — Le Déjeuné de l'Enfant. In-fol., par Elisabeth-Claire Tournay. Très belle épreuve. Toute marge.

596 — Le recouseur de fayance. — La marchande de moutarde allemande. In-fol., par Lefort et Elis. Tournay. Très belles épreuves. Grandes marges. 2

ÉCOLES FRANÇAISE ET ANGLAISE DU XVIIIe SIÈCLE

597 — Le Plaisir des Amours, par Demarteau. — Le Départ d'Adonis pour la chasse, par Demonchy. — Bossuet consolant les villageois, par Moret. In-fol., en couleur. 3

598 — Juliette, d'après Ang. Kauffmann. — Griselda. — La porte de la taverne,par Bartoloti. In-fol. Belles épreuves. 3

599 — Les Apprêts du Bal. — Le Retour du Bal, par Beauvarlet. — Les Saisons, d'après Stella. — Pastorales, par Boucher. In-fol. Belles épreuves, en noir et à la sanguine. 10

600 — Estampes anglaises et allemandes, par Rugendas, Haid, Peake, Bunbury, etc. In-fol. 7

601 — Çà a été. — La Leçon de basse. — La Ruse d'amour. — La Famille en goguette. — La Volupté. — La vraie Mère. Etc. Deux lots.

EISEN (d'après)

602 — La Dame de charité. In-fol., par Voyez. Très belle épreuve, avec les armes.

603 — L'Amour assortit les bergers. In-4, par Patas. Belle épreuve.

ESBRARD (d'après)

604 — La demande en mariage. — Le mariage. — Le coucher de la mariée. — Le lever. In-fol., par Augrand et Millot. Suite complète. Marges. 4

ÉVENTAILS

605 — Zéphyr et Flore, par L. Monnier. — Estampe anglaise en forme d'éventail avec joli portrait de femme, entouré de charades disposées en trompe-l'œil. — Autre, avec les portraits du prince et de la princesse de Galles, 1795. In-fol. Belles épreuves. 3

FRAGONARD (d'après)

606 — La Mère de Famille. In-fol. en larg., par Romanet. Très belle épreuve. Toute marge.

GALARD (G. de)

607 — Recueil des divers Costumes des habitans de Bordeaux et des environs. Jolis costumes, très finement gravés, par Le Roy. In-fol. Belles épreuves, coloriées. Toutes marges. Couverture. 18

608 — *Desforges*, dans le rôle d'Argante. — *Constant*, rôle de Sganarelle. — L'abbé *Desmazure*. — P. *Desse*, capitaine. Portraits in-fol., grav. et lithogr., en noir et coloriés. 4

GAUTHIER

609 — Projet d'un monument à la mémoire de Voltaire. In-fol., d'après Bélanger. Superbe épreuve, impr. en couleur. Rare.

GÉRARD (d'après Fr.)

610 — Mme *Récamier*, par Girard. In-fol. Très belle épreuve, sur chine, de ce joli portrait.

GILLRAY (J.)

611 — Tales of wonder. — Confederated Coalition, or the Giants storming heaven. In-fol. Belles épreuves, coloriées. 2

GRATELOUP (J.-B.)

612 — Adrienne *Lecouvreur*, rôle de Cornélie. In-12, d'après Ch. Coypel. Superbe et très rare épreuve du 1er état, avant la lettre. Titre manuscrit.

613 — Le cardinal de *Polignac*. D'après Rigaud. In-12. Très belle épreuve du 3e état, avant la dédicace. Toute marge. Rare.

614 — *Descartes*. In-12, d'après F. Hals. Très belle épreuve. Marge.

GRAVELOT (H.)

615 — La Fontaine de St-Innocent. Caricature contre Lafont de St-Yenne. In-fol. Très belle épreuve.

HILL (J.)

616 — Vues de Versailles : L'Avant-cour. — L'Orangerie. — Grand Trianon. D'après Nattes. In-fol. Très belles épreuves en couleur. 3

HUET (d'après J.-B.)

617 — Le Désastre, par J. Morret. In-fol. Très belle épreuve, impr. en couleur, sans marge.

618 — La Douceur et l'Amitié enchaînent l'Amour. — La Fidélité couronne l'Amour. Ovales in-fol., par J.-J. Wolff. Très belles épreuves. 2

619 — Chemise. — Malbrough. — Bastienne. Jolies têtes de femmes, avec chapeaux. In-fol., à la sanguine. Belles épreuves. 3

620 — La Vénus bachique. — La joyeuse Bacchante. Pendants ovales, in-8, par Voysard et Guttenberg. Belles épreuves. 2

JAZET

621 — L'Aveugle en danger. — L'Hermite bienfaisant. In-fol. obl. Très belles épreuves. En couleur. Marges. 2

622 — Siècle de François Ier (époque de 1518). Grand in-folio d'après Lemonnier, 1813. Très belle épreuve.

François Ier, environné de sa cour et des hommes célèbres du temps, s'entretient avec Léonard de Vinci devant la Ste-Famille de Raphael. La pièce comporte une trentaine de personnages.

JEAURAT (Etienne)

623 — L'Amour coquet. — L'Amour petit-maître. 1732. Pendants in-fol. Belles épreuves. 2

624 — Hercule et Omphale. In-fol., par Fessard. Très belle épreuve. Grande marge.

LA GUILLERMIE

625 — Jeune fille au manchon. Réduction de la superbe estampe de Reynolds. Très belle épreuve. Encadrée.

LAMI (Eugène)

626 — Recueil de voitures françaises. Paris, Delpech. Litho. color., in-4. Suite complète dans la couverture de publ. Toutes marges. 12

627 — Voitures : Vous perdez votre domestique. — Un cheval ombrageux. — Une file. — Les paveurs. — Mauvais présage. — Au diable la poussière. Litho. color. de Delpech. In-fol. Suite complète. Toutes marges. 6

LE CLERC (d'après)

628 — Histoire de l'Enfant prodigue, par Gaillard, Moitte et Basan. Suite complète. In-fol. 4

LE PRINCE (d'après J.-B.)

629 — Le Berceau Russe. In-fol., par Parizeau. Très belle épreuve, avant la dédicace.

630 — La Diseuse de bonne aventure Russienne. In-fol., par R. Gaillard. Très belle épreuve. Grande marge.

LEVILLY (à Paris chez)

631 — L'Enfant chéry. Très belle épreuve, impr. en couleur. Toute marge.

LIÈVRE (Edouard)

632 — Illustrations des Comédies de Molière. In-fol. Jolies litho. en couleur. Marges. 12

LŒILLOT (Karl)

633 — Les nouvelles Voitures publiques de Paris. Paris, Gihaut. Litho. color. Suite complète dans la couverture de publ. 14

MALLET (d'après)

634 — Jamais il ne dansera plus heureux. In-fol., par Prot. Très belle épreuve, en couleur. Grande marge.

635 — Les anges à l'église. — Les amours à la maison. Pendants in-fol., par Prot. Belles épreuves. 2

MARIAGE

636 — Ils sont d'accord. In-fol., d'après Michel Garnier. Très belle épreuve. Marge.

MÊCOU

637 — Voyez le joli minois. — Sa mélodie charme les cœurs. In-fol., d'après Sicardi. Belles épreuves. Marges. 2

MICHEL (J.-B.)

638 — Mademoiselle Angélique *Drouin*, femme du sieur Préville. In-fol., d'après Colson. Très belle épreuve. Joli portrait.

MOUCHY (de)

639 — La Tricherie reconnue. — Le Danger de la Bascule. In-fol., d'après Le Peintre. Très belles épreuves. 2

MOREAU-LE-JEUNE (d'après)

640 — Portrait de Frédéric-Guillaume, prince de Prusse, par Dambrun. Frontispice pour Voltaire, édition de Kehl (M. 269 bis). In-8. Très belle épreuve.

MORNER (H.)

641 — Scènes populaires de Naples, dess. et lithogr. par H. Morner, 1828. Paris, Gihaut. Suite complète. In-fol. obl., coloriées. 12

NEGELEN

642 — Alphabet des Enfants, ou Recueil de vingt-cinq Portraits de fantaisie. Paris, Ostervald, 1828. Suite complète, dans la couverture. Lithogr. in-fol. Belles épreuves. 25

OPITZ

643 — Les Chants de la St-Grégoire. — La Solennité des Krahwinkel (demi-fous). Lithogr. in-fol., coloriées. Belles épreuves. 2

PAPAVOINE (Mlle)

644 — Le passe-passe. D'après Imbert. In-fol. Très belle épreuve. Grande marge.

PARIZEAU (Ph.-L.)

645 — Henri IV chez Michau. In-fol., 1780. Très belle épreuve, impr. en couleur. Rare.

PUNT (J.)

646 — Pygmalion, ballet dansé en 1758 par les sœurs Caroline et Charlotte-Frédérique, âgées de 9 et 7 ans. A Paris, chez Basan. In-fol. Belle épreuve. Marge.

PROT

647 — Je t'en supplie, rends-le moi. — Tu fuis inutilement. Pendants ovales in-fol., d'après Monnet. Très belles épreuves. Grandes marges. 2

PROUT (S.)

648 — Picturesque Buildings in Normandy sketched from nature and drawn on stone by S. Prout. London, 1821. Suite complète publ. dans la couverture de publ. Lithographies in-fol. Belles épreuves. Marges. Rares. 4

QUEVERDO (d'après)

649 — La Fille surprise. In-fol., par Patas. Très belle épreuve.

650 — Le Bouquet galant, par Dambrun. Petit in-fol. Belle épreuve.

651 — La Surprise amoureuse. Petit in-fol., par Le Beau. Très belle épreuve. Toute marge.

652 — Départ pour le Sabat. In-fol., par Maleuvre. Très belle épreuve. Marge.

RAFFET

653 — Dessins faits d'après nature au Siège de la citadelle d'Anvers, par Raffet. Paris, Gihaut. Suite complète. Lithogr. in-fol., avec frontispice. En 4 livraisons ayant chacune leur couverture. Superbe exemplaire, d'une fraîcheur exceptionnelle. 25

RANSONNETTE

654 — Mars et Vénus. — Vénus présente à Mars son fils. Pendants in-fol. Très belles épreuves. 2

ROWLANDSON (Th.)

655 — A Cake in danger. In-fol., coloriée. Très belle épreuve.

656 — Looking at the comet till you get a criek in the neck. In-fol., coloriée. Très belle épreuve.

657 — A bonnet shop. In-fol., coloriée. Très belle épreuve.

ROWLANDSON (d'après)

658 — The convocation. In-fol., en couleur, par S. Alken, 1792. Très belle épreuve. Marge. Rare.

RUBENS (d'après)

659 — Kermesse flamande. Grand in-fol., en larg., par Et. Fessard, 1759. Très belle épreuve d'état, avant la lettre.

SCHALL (d'après)

660 — L'Exemple dangereux. — L'Heureux Moment. Pendants in-fol., par Aug. Le Grand. Très belles épreuves avant la lettre. Marges. 2

661 — L'Elisée. — Le Rocher de Meillerie. Pendants in-fol., par Aug. Le Grand. Sujets tirés de la *Nouvelle Héloïse*, de J.-J. Rousseau. Belles épreuves. 2

SCHENAU (d'après J.-E.)

662 — Le petit Glouton. In-fol., par J. Ouvrier. Très belle épreuve. Marge.

STRADAN

663 — L'Huile d'olive. — La Poudre à canon. — Impression des livres. Curieuses estampes représentant des intérieurs d'imprimerie, de fonderie et d'huilerie. In-fol. Très belles épreuves. Rares. 3

TURNER (Ch.)

664 — *Mme Malibran*, dans le rôle de Desdémone, d'Othello. In-fol., à la manière noire, d'après Decaisne. Très belle épreuve. Marge.

VIGNETTES

665 — Collection de 160 estampes dessinées par Moreau-le-jeune, pour illustrer les *Œuvres* de Voltaire. Publ. en 1802 par Renouard. Gr. in-8. Epreuves avant la lettre, non ébarbées. 160

666 — La même suite. Epreuves avec la lettre. 123

667 — **Cervantès**. Illustrations des Principales Aventures de l'Admirable Don Quichotte, par Coypel, Picart, etc. La Haye, 1746. Gr. in-4. Suite complète. Très belles épreuves. Toutes marges. 31

668 — **Rousseau** (J.-J.). Estampes sur chine, d'après Devéria, pour les *Œuvres*. Gr. in-8. Très belles épreuves. Toutes marges. 37

669 — **Graffigny** (Mme de). Suite complète de six vignettes et 1 portrait, par Gaucher, Ingouf, Choffard, etc., d'après Le Barbier. In-8. 7

670 — **Scribe**. Vignettes pour le *Théâtre*, d'après A. et T. Johannot. Belles épreuves. 52

671 — **Béranger**. *Chansons*. Petites vignettes sur bois. Epreuves remontées. 84

672 — **Chateaubriand**. Vignettes pour les *Mémoires d'outre-tombe*, d'après de Moraine et Staal, par Delannoy. Belle épreuves, sur chine. 27

673 — **Béranger**. Vignettes d'après Raffet, Johannot, Devéria, Scheffer, Roqueplan et autres. Belles épreuves. 22

674 — **Restif**. Vignettes pour diverses œuvres, par Binet. 16

Quatrième vacation

ALIX (P. M.)

675 — Joseph-Agricol *Viala*. Ovale, in-fol., avec, au bas, la scène de son acte d'héroïsme. D'après Sablet. Très belle épreuve, impr. en couleur.

ANONYMES

676 — Mœurs du dix-neuvième siècle : Une heure avant le concert, ou les Musiciens à table. — Une heure en retard pour le concert, ou les Musiciens en route par une averse. In-fol. En couleur. Belles épreuves. 2

677 — Voilà le costume désiré. Jolie pièce révolutionnaire. In-fol. Belle épreuve. Coloriée.

678 — Comparaison du bouton de rose. Petit in-4. Très belle épreuve, impr. en couleur. Marge. Rare.

679 — Feuille de Boutons. Attributs pastoraux et autres. Vingt médaillons sur une même feuille, de couleur bleutée. In-fol. Très belle épreuve. Excessivement rare.

BAUDOUIN (d'après P.-A.)

680 — Les Amants surpris (E. B. 3). In-fol., par Choffard, 1767. Très belle épreuve.

681 — Le Carquois épuisé (11). In-fol., par De Launay. Superbe épreuve. Marge.

682 — Le Catéchisme (12). — Le Confessionnal (15). Pendants in-fol., par Moitte. Très belles épreuves. 2

683 — Le Jardinier galant (25). In-fol., par Helman, 1778. Très belle épreuve.

684 — Le Modèle honnête (34). In-fol., par Moreau-le-Jeune, et terminé par Simonet. Superbe épreuve. Grande marge.

685 — Le Poëte Anacréon (38). In-fol. en larg., par De Launay. Très belle épreuve. Avant l'adresse de Marel. Marge.

686 — La Sentinelle en défaut (44). In-fol., par De Launay, 1771. Très belle épreuve.

687 — La Soirée des Thuileries (47). In-fol., par Simonet. Très belle épreuve. Marge.

BOILLY (L.)

688 — On la tire aujourd'hui. In-fol., par Tresca. Très belle épreuve. Marge.

689 — La Crainte mal fondée. In-fol., par Mixelle. Très belle épreuve. Marge.

690 — La Douce Résistance. In-fol., par Tresca. Très belle épreuve. Marge.

691 — La Douce Impression de l'Harmonie. In fol., par Wolff. Belle épreuve.

692 — La Pièce curieuse. In-fol., par Darcis. Très belle épreuve. Rare.

693 — Le Jeu de Tonneau. Lithogr. de Villain. In-fol., coloriée. Très belle épreuve. Marge.

BONNET (L.)

694 — Madame la Comtesse *Du Barry*. In-fol., à la manière du crayon, d'après Drouais. Superbe épreuve, à la sanguine. Rare.

695 — Le Bain. In-fol., d'après Jollain. Très belle épreuve, impr. en couleur.

696 — L'Amour prie Vénus de lui rendre ses armes. In-fol., aux trois crayons, d'après Boucher. Très belle épreuve.

697 — Vénus. In-fol., aux trois crayons, d'après Boucher, 1768. Très belle épreuve.

698 — Toillette du soir. In-4, d'après Beaulier. Très belle épreuve, à la sanguine.

BONNET (à Paris, chez)

699 — La Danse. In-8. Superbe épreuve. Impr. en couleur. Rare.

700 — Le Repos de Cérès. Petite pièce ovale. Très belle épreuve. En couleur. Marge.

BOREL (d'après)

701 — Vous avez la clef.... mais il a trouvé la serrure. In-fol., par Anselin. Très belle épreuve.

702 — La faute est faite, permettez qu'il la répare. In-fol., par Anselin. Très belle épreuve.

703 — L'Innocence en danger. 1re estampe de la *Paysanne pervertie*. In-fol., par Huot, 1792. Très belle épreuve. Toute marge.

BOUCHER (d'après Fr.)

704 — Vénus aux colombes. In-fol., au crayon, par Petit. Très belle épreuve, à la sanguine. Marge. Rare.

705 — Vénus caressée par l'Amour. Petit in-fol., aux trois crayons, par Bonnet. Belle épreuve.

706 — Vénus tenant le simbole de l'Amour. Ovale, in-fol., publ. chez Bonnet. Belle épreuve. En couleur.

707 — La belle Cuisinière. In-fol., par P. Aveline. Très belle épreuve. Marge.

708 — L'Amour à l'épreuve. Par Beauvarlet. In-fol. Très belle épreuve, restaur. Rare.

709 — La belle Villageoise. In-fol., par Soubeyran. Très belle épreuve. Marge.

710 — Le Matin, la Dame à sa toilette. — Le Midi, la Dame réglant sa montre. — L'Après-Diné, la Dame à la Promenade. — Le Soir, la Dame allant au Bal. In-fol., par Petit. Suite complète. Très belles épreuves. 4

711 — Le Gâteau des Rois. — L'Origine de la Peinture. — Colin-Maillard. — La Bascule. — Le Printemps. — Le Bouquet. — L'Eté. — La belle Villageoise. — La Vie champêtre. — L'Automne. — Le Trictrac. — L'Hiver. Suite complète des vignettes qui illustrent l'Amanach de Gotha de 1777. In-18. 12

BRETON (à Paris chez)

712 — La Nimphe au Bain. — La Toilette de Vénus. Pendants ovales, in-8, par Goopffert. Belles épreuves. En couleur. Marges. 2

CARESME (d'après)

713 — L'Amant effrayé. In-fol., par Phélipeau. Très belle épreuve. En couleur. Marge.

CARICATURES

714 — On n'entre pas. In-fol., publ. chez Charon. Très belle épreuve. En couleur. Marge.

715 — Estampes tirées du *Bon Genre* : Les Etrennes. — Le Troubadour jouant de six instruments. — Atelier de modistes. — Les Jongleurs Indiens. — Le Contraste, ou le chapeau couleur de rose. — Les Préparatifs du Bal. In-fol. Très belles épreuves. Coloriées. Marges. 6

CHAPONNIER (Al.)

716 — Le Modèle disposé. In-fol., d'après Schall. Très belle épreuve.

CHARDIN (d'après J.-B.-S.)

717 — L'Antiquaire. — Le Peintre (E. B., 2 et 3). In-fol., par Surugue, 1743. Belles épreuves. 2

718 — Le Benedicité (5). In-fol., par Lépicié. Très belle épreuve.

719 — Le Château de Cartes (11). In-fol., par Duflos. Très belle épreuve.

720 — Le Château de Cartes. In-fol., par Aveline. Très belle épreuve.

721 — Dame prenant son thé (13). In-fol., par Filloeul. Très belle épreuve.

722 — Etude du dessein. In-fol., par Le Bas. Très belle épreuve.

723 — Le Faiseur de châteaux de cartes (20). In-fol., par Filloeul. Très belle épreuve, avec le titre : *Le Château de Cartes*.

724 — La même estampe. Gravée en réduction par Marcenay de Ghuy. Très belle épreuve. Marge.

725 — Le Tôton. In-fol., par Lépicié. Très belle épreuve. Marge.

726 — L'Inclination de l'Age (25). In-fol., par Surugue. Très belle épreuve.

727 — Jeune fille à la raquette (29). In-fol., par Lépicié. Très belle épreuve. Marge.

728 — La Maîtresse d'Ecole. In-fol., par Duflos. Très belle épreuve. Marge.

729 — La Maîtresse d'Ecole (34). In-fol., par Lépicié, 1740. Très belle épreuve.

730 — La Mère laborieuse (35). In-fol., par Lépicié. Très belle épreuve.

731 — L'Œconome (39). In-fol., par Le Bas. Très belle épreuve.

732 — Les Osselets (39 bis). In-fol., par Filloeul Très belle épreuve.

733 — La Pourvoïeuse (45). In-fol. Très belle épreuve.

734 — La Ratisseuse (46). In-fol., copie publ. chez Daumont. Très belle épreuve. Non décrite. Marge.

735 — La Serinette (47). In fol., par L. Cars. Très belle épreuve.

736 — Le Souffleur (48). In-fol., par Lépicié. Très belle épreuve.

737 — Les Tours de Cartes (51). In-fol., par Surugue. Très belle épreuve.

CHARLIER (d'après)

738 — Le Repos de Vénus. Petite pièce ovale, in-8. Très belle épreuve, sans marge. Impr. en couleur.

CLERMONT, de Reims (d'après)

739 — La Marchande de Lait. Aux trois crayons. Par Demarteau. — Le Petit Jardinier. A la sanguine. Par Lucien. In-fol. Belles épreuves. 2

COSTUMES

740 — Femme en déshabillé du matin. — Jeune dame en robe de taffetas. — La petite mère au rendez-vous des Champs-Elysées. In-fol., par Dupin et Voysard. Très belles épreuves. Coloriées. 3

741 — Têtes de femmes. Coiffures et chapeaux. A Paris, chez Esnauts et Rapilly. In-fol. à quatre sujets sur la feuille. Très belles épreuves. 4

COSWAY (R.) et PLIMER (A.) (d'après)

742 — The Fair Stepmother (Ladies of the *Loftus* family). — The Charming Sisters (Ladies of the *Rushout* family). Pendants in-fol., gravés par E. Stodard. Ravissantes pièces en couleur. Très belles épreuves. Encadrées. 2

COYPEL (d'après Ch.)

743 — Madame de (*Monchy*) en habit de bal. In-fol., par Surugue, 1746. Très belle épreuve. Grande marge.

DARCIS

744 — Le joli Minet. Ovale. In-fol. Très belle épreuve, avant la lettre. Grande marge.

DEBUCOURT (P.-L.)

745 — Annette et Lubin. In-fol., 1789. Très belle épreuve, impr. en couleur.

746 — La Vieillesse d'Annette et Lubin. In-fol., par Le Cœur, d'après Swebach-Desfontaines. Pendant de la pièce précédente. Superbe épreuve. Impr. en couleur. Marge.

747 — Modes et manières. N° 14 : *La Phrase changée*. In-8. Très belle épreuve. Coloriée.

748 — L'Hiver, ou le Mari. In-fol., 1808. Belle épreuve. Marge.

749 — Un Usurier. Ovale, in-fol. Très belle épreuve. En couleur. Marge.

750 — *Louis XVIII*. In-fol., d'après J. Isabey. Très belle épreuve, avec le cachet d'Isabey.

751 — Barrière du faubourg St-Martin. In-fol. Très belle épreuve. Toute marge.

752 — La Servante congédiée. In-8. Très belle épreuve. Rare.

753 — Les Boules de Neige. In-fol., par Kidd. Très belle épreuve.

754 — Le Matin. — Le Midi. — Le Soir. — La Nuit. In-fol., d'après Hipp. Lecomte, 1822-24. En couleur. 4

755 — Costumes Polonais. 1817. In-fol., d'après Norblin. Titre et vingt-six planches. En couleur. Très belles épreuves. Toutes marges. 27

DEBUCOURT (d'après P.-L.)

756 — La Rose mal défendue. Petit in-fol., par Bonnemain. Très belle épreuve de cette jolie pièce gravée en réduction. Rare.

757 — Les Gastronomes affamés. — Les fin des Gastronomes. — Les Gastronomes sans argent. — Les Gastronomes en jouissance. In-fol. En couleur. Très belles épreuves des copies publ. à Londres vers la même époque. Très rares. 4

758 — L'Instruction Villageoise. In-fol. en larg., par E.-J. Glairon-Mondet. Très belle épreuve. Avant la lettre.

DEMARTEAU (Gilles)

759 — Tête de femme, d'après Boucher (155). In-fol., aux trois crayons. Très belle épreuve.

760 — Tête de jeune fille, profil à gauche, mouche à l'œil et chapeau noué sous le menton. D'après Fredou (422). In-fol. aux trois crayons. Très belle épreuve. Rare.

761 — La Bergère. D'après Huet (471). In-fol., au trois crayons. Très belle épreuve.

762 — Tête de femme, avec feuilles de vigne et grains de raisin. D'après Huet (494). In-fol., au trois crayons. Très belle épreuve. Jolie pièce.

763 — L'Education de l'Enfance. D'après Boucher (495). In-fol., aux trois crayons. Très belle épreuve.

764 — Le Marchand de biscuits. D'après Boucher (496). In-fol., au trois crayons. Très belle épreuve.

765 — Le Plaisir des Amours. — Jeu d'Enfants. D'après Huet et Boucher (504 et 505). In-4, aux trois crayons. Très belles épreuves. 2

766 — Le Berger, d'après Huet (508). In-fol., aux trois crayons. Très belle épreuve.

767 — Le Matin. — Le Midi. — L'Après-Midi. — Le Soir. D'après Huet (546-549). In-fol., au trois crayons. Très belles épreuves. Rares. 4

DE TROY (d'après)

768 — L'Ornement de l'esprit et du corps. In-fol., par Surugue, 1747. Très belle épreuve.

DROUAIS (d'après Fr.)

769 — Les Enfants du Prince de Turenne, en petits Savoyards. In-fol., en larg., par D. Melini. Très belle épreuve. Marge.

770 — Les Bulles de savon. — Le Château de cartes. Pendants in-fol., par Boizot. Très belles épreuves. 2

EARLOM (Rich.)

771 — Jeune fille, en buste, coiffée d'un grand chapeau et pressant des fleurs sur son sein. In-fol., à la manière du crayon. D'après G.-B. Cipriani. Magnifique épreuve, impr. en couleur. Très grande marge.

Une épreuve de cette gracieuse estampe a été adjugée 1.500 *mark*, à Berlin, en 1895.

ECOLES FRANÇAISE ET ANGLAISE DU XVIIIe SIÈCLE

772 — La Curieuse. Par De Gouy. — Ah ! s'il s'éveillait. Réduction de l'estampe de Regnault. Ovales in-8. Belles épreuves. En couleur. 2

773 — Hébé versant le nectar à Jupiter. — Léda tendant la main à Jupiter. Etc. Petits sujets pour abat-jour. Impr. en deux teintes. Marges. 7

774 — Qui va là ? — Couchez là ! — Jupiter et Io. Etc. In-fol. Belles épreuves. 4

775 — The Spanish Bolero. In-fol., en couleur, publ. en 1811. Très belle épreuve.

776 — Mrs *Robinson*. — Children feeding chickens. — Viscountess *Bulkeley*. — The fair Student. — Thalia (Mrs *Abington)*. In-fol. Coloriées. 5

EISEN (d'après Ch.)

777 — Les Désirs satisfaits. In-fol., par Patas, 1772. Très belle épreuve.

FRAGONARD (d'après H.)

778 — La Cachette découverte. In-fol., par De Launay. Très belle épreuve.

779 — Le Verrou. In-fol., par Blot. Très belle épreuve.

780 — Ma chemise brûle. In-fol., par Aug. Le Grand. Très belle épreuve. Grande marge.

781 — L'Innocence inspire la Tendresse. In-fol., par Voisard. Très belle et rare épreuve avant la dédicace.

782 — La Gimblette. In-fol., par Bertony. Très belle et rare épreuve avant toutes lettres, avant les armes et avant la draperie.

783 — Les Baignets. In-fol., par De Launay. Très belle épreuve. Grande marge.

784 — Le Petit Prédicateur. In-fol., par De Launay. Très belle épreuve.

785 — L'Education fait tout. In-fol., par N. De Launay. Très belle épreuve.

786 — Dites donc s'il vous plaît. In-fol., par de Launay. Très belle épreuve. Grande marge.

787 — Les Deux Baisers. In-fol., par Marchand Très belles épreuves. 2

788 — L'Heureuse Fécondité. In-fol., par De Launay. Très belle épreuve.

789 — La Famille du Fermier. In-fol., par Beauvarlet. Superbe et très rare épreuve avant toutes lettres.

790 — La même estampe, avec la lettre. Très belle épreuve.

791 — Le Baiser à la dérobée. In-fol., par Regnault. Très belle épreuve.

792 — Estampes des *Contes* de La Fontaine. Paris, Didot. Nos 17, 20, 22. In-fol. Très belles épreuves. Marges. 3

FREUDEBERG (d'après S.)

793 — Le Boudoir. In-fol., par P. Maleuvre, 1774. Très belle épreuve.

794 — Les Confidences. In-fol., par Lingée, 1774. Très belle épreuve. Toute marge.

795 — L'Evénement au Bal. In-fol., par Duclos et terminé par Ingouf. Très belle épreuve.

796 — Le Bain. — La Promenade du matin. — Le Boudoir. — La Toilette. — La Soirée d'hiver. — Le Bal. — Le Coucher. Vignettes pour l'Almanach de Gotha de 1776. In-18. Très belles épreuves. 7

797 — La Complaisance maternelle. In-fol., par De Launay Très belle épreuve. Marge.

798 — Les Epoux curieux. — L'Horoscope accomplie. Pendants in-fol., par Ponce. Très belles épreuves. Grandes marges.

799 — Le Petit jour. In-fol., par De Launay. Superbe épreuve.

800 — La petite Famille Suisse. In-fol., par Dunker. Très belle épreuve. Marge.

GREEN (V.)

801 — A Representation of Mr Lunardi's Balloon, as exhibited in the Pantheon, 1784. In-fol. à l'aquatinte, d'après F.-G. Byron. Très belle épreuve. Rare.

On y joint un ticket d'entrée *signé* du célèbre aéronaute.

802 — A Dutch School. In-fol., d'après J. Steen. A la manière noire. Très belle épreuve.

GREUZE (d'après)

803 — La Voluptueuse. In-fol., sans nom de graveur. Très belle épreuve.

GUYOT

804 — La Lecture interrompue. — Estelle. — Le Bouquet sacrifié. — Offrande à l'Amitié. — Vénus désarmant l'Amour. Petits médaillons gravés en couleur sur la même feuille. In-fol. Très belle épreuve.

HOPNER (d'après)

805 — Lady *Langham*. In-8, par Cooper. Très belle épreuve.

HUET (d'après J.-B.)

806 — L'Amant écouté. In-fol., par Bonnet. Superbe épreuve, en couleur, du 1er tirage.

807 — La belle Cachette. In-fol., par Bonnet. Superbe épreuve, en couleur, du 1er tirage.

808 — La belle Toilette. In-fol., par Bonnet. Très belle épreuve, impr. en couleur.

809 — Pygmalion amoureux de sa statue. Petit in-fol., par Jubier. Très belle épreuve, impr. en couleur. Sans marge.

810 — Le Feu. Ovale en larg. Impr. en couleur, par Huet. Très belle épreuve.

811 — Offrande à l'Amour. — Offrande au Dieu Pan. Pendants petit in-fol., par Jubier. Superbes épreuves aux trois crayons. Rares. 2

812 — Retour du Marché. In-fol., en larg., par Auvrai. Très belle épreuve, impr. en couleur.

813 — Vue intérieure d'une Ferme. In-fol., en larg., par Mattet. Très belle épreuve, impr., en couleur. Pendant de la pièce précédente.

814 — Diane au bain. In-fol., par Bonnet. Très belle épreuve, impr. en couleur. Grande marge.

815 — L'Amour offrant des présents à Ariane. In-fol. obl., par Bonnet. Très belle épreuve, impr. en couleur. Grande marge.

816 — Leucothée charmée de la beauté d'Apollon se laisse vaincre sans résistance. In-fol., par Bonnet. Très belle épreuve, impr. en couleur.

817 — Le Matin. In-fol., par Bonnet. Très belle épreuve. En couleur. Remontée.

818 — Le Soir. In-fol., en couleur, par Bonnet. Très belle épreuve.

ISABEY (d'après J.)

819 — Sophie, comtesse *Zamoyski*, née princesse Czartoryski. Ovale in-fol., par Agar. Publ. à Londres en 1804. Très belle épreuve, en couleur, de ce joli portrait.

JANINET (F.)

820 — Repas des Moissonneurs. In-fol. obl., d'après P.-A. Wille. Très belle épreuve. Impr. en couleur. Marge.

821 — Vénus au bain. Ovale, in-4, d'après Caresme. Très belle épreuve, impr. en couleur. Montée en dessin.

822 — Colonnade et jardins du Palais Médicis. In-fol., d'après Hubert-Robert. Superbe épreuve. Impr. en couleur.

823 — Restes du Palais du Pape Jules. In-fol., d'après Hubert-Robert. Très belle épreuve. Impr. en couleur.

824 — Madame *Dugazon*, dans le rôle de Nina. In-8 d'après Dutertre. Très belle épreuve. Impr. en couleur.

825 — Têtes de femmes, avec coiffures. Ovales, in-8. Belles épreuves, en couleur. 4

JANINET et BONNET

826 — Jeune fille avec un ruban dans les cheveux. — Tête de Putiphar. In-fol., sur papier bleuté. Très belles épreuves. 2

JAZET

827 — Les Moissonneurs. — Le Retour à la ferme. — Lecture d'un Testament. — L'Aveugle joueur de violon. In-fol., à l'aqua-tinte, d'après Westall, Burnet, Wilkie. Très belles épreuves. Toutes marges. 4

JEAURAT (d'après)

828 — L'Exemple des Mères. In-fol., par Lucas. Très belle épreuve.

JUBIER

829 — Le Départ de campagne. — La Bergère récompensée. Pendants, in-fol. en larg., d'après J.-B. Huet. Très belles épreuves. Impr. en couleur. 2

LANCRET (d'après N.)

830 — La Terre. — L'Air. — L'Eau. — Le Feu. In-fol., par Cochin, Tardieu, Desplaces et Audran. Suite complète. Très belles épreuves. 4

LAUNAY (N. de)

831 — C'est papa ! Ovale, in-fol., d'après Vangorp. Très belle épreuve.

832 — L'Acte d'humanité. In-fol., d'après de Fraine. Très belle épreuve.

833 — J'y passerai. In-fol., en larg., d'après Borel. Très belle épreuve. Marge.

834 — Le Mariage conclu. — Le Mariage rompu. Pendants in-fol., en larg., d'après Borel et Aubry. Très belles épreuves. 2

LAVREINCE (d'après N.)

835 — Ah! laisse-moi donc voir! (E. B. 2). In-4, par Janinet. Superbe épreuve, imprimée en couleur, avec une bonne marge.

836 — Le Coucher des Ouvrières en modes (16). In-fol., par Dequevauviller. Très belle épreuve, avant l'adresse de Bance. Marge.

837 — La Leçon interrompue (35). In-fol., par Vidal. Très belle épreuve. Sans marge.

838 — Le Lever des ouvrières en modes (36). In-fol., par Dequevauviller. Très belle épreuve avant l'adresse de Bance.

839 — La marchande à la toilette (37). In-fol., par Vidal. Très belle épreuve.

840 — Le Repentir tardif (52). In-fol., par Le Vilain. Très belle épreuve.

841 — Les Sabots (57). In-fol., par Couché. Très belle et rare épreuve tirée en deux teintes.

842 — La Soubrette confidente (61). In-fol., par Vidal. Superbe épreuve, avec toute sa marge.

843 — Valmont and Presidente de Tourvel (63). In-fol., par Romain Girard. Très belle épreuve.

LE BAS

844 — Sujets tirés des Ports de Joseph Vernet. Petit in-fol. Suite très rare, gravée à l'eau-forte par Moreau et terminée par Le Bas. Belles épreuves. Marges. 8

LE CAMPION

845 — L'Agréable Musicien. Ovale, in-4, d'après L'Eveillé. Très belle épreuve. Impr. en couleur.

846 — Vues de Paris : Hôtel de Soubise. — Maison de M. de Colange. — Chapelle du Palais de Justice. — Hôtel de Boisgelin. — Orangerie de l'hôtel de Boisgelin. — Maison de M. Demonville. — La même, vue de la cour. — Collège des Quatre Nations. — Barrière du chemin de St-Denis. — Palais-Royal. Pièces rondes, impr. en couleur. Très belles épreuves. 10

LE CLERC (d'après)

847 — Le Jeu de Domino. In-fol., par Bonnet. Très belle épreuve à la sanguine. Marge. Rare.

848 — L'Hermite en queste. — L'Abbé en conqueste. Pendants in-fol., publ. chez Bonnart. Très belles épreuves. Marges. 2

849 — Le Rossignol. Conte de La Fontaine. In-fol. obl., par A. Le Grand. Très belle épreuve, impr. en couleur. Marge.

LEMPEREUR (L.)

850 — Marguerite *Le Comte*, des Acad. de Peinture et de Bellet. Lettres de Rome, Bologne, etc. In-4. Charmant portrait d'après Watelet. Très belle épreuve, avant le nº. Marge.

MARIN (L.)

851 — The Pleasures of Education. In-fol. Superbe épreuve, avec l'encadrement doré. Rare.

MONSALDY et DEVISME.

852 — Vue des Ouvrages de peinture exposés au Muséum central des Arts en l'an VIII de la République française. In-fol. en larg. Très belles épreuves. 2

MOREAU-LE-JEUNE (D'après J.-M.)

853 — Les Précautions. In-fol., par Martini, 1777. Très belle épreuve, avec les lettres A. P. D. R.

854 — C'est un fils, Monsieur ! In-fol., par Baquoy, 1776. Très belle épreuve, avec les lettres A. P. D. R.

855 — Les petits Parains. In-fol., par Baquoy et Patas, 1777. Très belle épreuve, avec les lettres A. P. D. R.

856 — Le Rendez-vous pour Marly. In-fol., par Guttenberg. Très belle épreuve, avec les lettres A. P. D. R.

857 — La Rencontre au Bois de Boulogne. In-fol., par Guttenberg. Très belle épreuve, avec les lettres A. P. D. R.

858 — La petite Toilette. In-fol., par Martini. Très belle épreuve, avec les lettres A. P. D. R.

859 — La grande Toilette. In-fol., par Romanet. Très belle épreuve, avec les lettres A. P. D. R. Doublée.

860 — Le Comité. — La Lingère. — La Visite du Médecin. — C'est un fils, Monsieur! — Les petits Parains. — Les Tuileries. — Fontainebleau. — Les vrais Plaisirs. — Le Boudoir. — Le Printems. — Les Confidences. — Le coin de la Cheminée. — Le Bal. — La leçon de Musique. — L'Opéra. — Suite d'estampes pour servir à l'histoire des Modes et du Costume en France, 1776. Réductions. Très belles épreuves. Marges. 15

861 — On y court plus d'un danger. — Le Villageois entreprenant. Pendants, in-fol., par Germain et Patas. Très belles épreuves. Marges. 2

MORLAND (d'après G.)

862 — Slave trade. — African hospitality. Pendants, in-fol., par J. Smith. Très belles épreuves. Impr. en couleur. Marges. 2

NATTIER (d'après J.-M.)

863 — La Terre (Mme *Louise-Elisabeth* de France, duchesse de Parme). — Le Feu (Mme *Marie-Henriette* de France). — L'Eau (Mme Marie-Louise-Thérèse *Victoire* de France). In-fol., par Balechou, Gaillard et Tardieu. Très belles épreuves. 3

864 — La belle Source (Mme de *Pompadour*). In-fol., par Meliny. Très belle épreuve. Grande marge.

865 — La Chasseuse aux cœurs (Mlle de *Beaujolais*). In-fol., par Henriquez. Très belle épreuve. Grande marge.

866 — Mme la duchesse de *** en Hébé (Louise-Henriette de *Bourbon-Conti*, duchesse d'Orléans). In-fol., par Hubert. Très belle épreuve.

867 — Flore à son lever (Mme *du Bocage*). In-fol., par Malœuvre. Très belle épreuve. Marge.

NEWTON (R.)

868 — Wearing the Breeches. In-fol., en larg., 1794. Très belle épreuve. Coloriée. Rare.

PILLEMENT (d'après J.)

869 — Les Amusements du Printemps. — Les Agréments de l'Eté. — Les Douceurs de l'Automne. — Les Plaisirs de l'Hiver. In-fol., par Mason, Woollett et Canot. Très belles épreuves. Toutes marges. 4

PORPORATI

870 — Le Coucher. In-fol., d'après Vanloo. Très belle et rare épreuve avant toutes lettres. Marge.

QUENEDEY

871 — Désiré *Le Marchand*, 1793. — Mme de *Bosseuil*. — Mlle *Aladane*. — Mme *Hugo*. — Le comte d'*Ormenans*. Jolis portraits, gravés au physionotrace. Très belles épreuves en couleur. 5

QUEVERDO (d'après)

872 — La Sollicitation amoureuse. In-fol., par Le Beau, 1773. Très belle épreuve.

ROWLANDSON (Th.)

873 — Cash. 1800. Petit in-fol. Très belle épreuve. En couleur.

874 — La Servante à la cave. In-fol., coloriée. Très belle épreuve.

SAINT-AUBIN (d'après A. de)

875 — La Promenade des Remparts de Paris. — Tableau des Portraits à la mode. Pendants, in-folio, par P.-F. Courtois. Très belles épreuves de ces pièces recherchées. 2

SAINT-AUBIN (d'après G. de)

876 — Comparaison du bouton de rose. In-fol., par Dennel. Très belle épreuve, avec la 1re adresse.

SCHALL (d'après)

877 — Quand l'Hymen dort, l'Amour veille. Ovale in-fol. en larg., par Maucler. Très belle épreuve. Impr. en couleur. Rare.

878 — Le Bouquet impromptu. In-fol., par Aug. Legrand. Très belle épreuve.

879 — Le Souvenir agréable. In-fol., par Vidal. Très belle épreuve. Marge. Rare.

880 — Finissez ! In-fol., par G. Marchand. Très belle épreuve. Marge.

SERGENT (d'après)

881 — Vue de la Place de Louis XV et du Jardin des Thuilleries. Petite pièce ronde, gravée par Guyot, et publ chez les Campion. Très belle et rare épreuve du 1er état, impr. en couleur, avec les personnages en costumes Louis XVI, et avant la charge du Prince de Lambesc que l'on a représentée par la suite sur cette même planche.

SIMONET (d'après)

882 — Mme *Favart*, représentée dans le rôle de Roxelane, jouant de la harpe. In-fol., par Pruneau. Très belle épreuve, avant toutes lettres.

SMITH (d'après J.)

883 — What you will. Petit in-fol., par Levilly. Très belle épreuve, en couleur, de cette charmante pièce. Marge.

TAUNAY (d'après)

883 *bis* — Foire de village. In-fol., par Descourtis. Très belle épreuve, imp. en couleur. Encadrée.

TITIEN (d'après le)

884 — Vénus. — Danaë. Pendants in-fol. Très belles épreuves. Marges. 2

VIDAL

885 — Le Miroir consulté. Ovale, in-fol., d'après Wille. Très belle épreuve, impr. en couleur. Marge. Rare.

WATTEAU (d'après Ant.)

886 — Le Triomphe de Cérès (G. 43). Grand in-fol., par Crespy. Superbe épreuve. Grande marge.

887 — La Mariée de village (148). Grand in-fol., par C.-N. Cochin. Superbe épreuve. Marge.

888 — Promenade sur les Remparts (157). Grand in-fol., par Aubert. Superbe épreuve. Toute marge.

889 — Le Printemps. — L'Eté. — L'Automne. — L'Hiver. In-fol., par Brillon, Moyreau, Audran et Larmessin (180-183). Suite complète. Très belles épreuves. 4

890 — Flûteur vu de dos (403). — Buste de Flûteur (448). In-fol. Très belles épreuves. Toutes marges. 2

891 — Femme assise à terre, vue de dos (494), par Cochin. — Jeune femme assise, vue de dos (625). In-fol. Très belles épreuves. Toutes marges. 2

892 — Femme assise à sa toilette, tignonnant ses cheveux devant un abbé (641). Sans nom de graveur. In-fol. Très belle épreuve. Toute marge. Ravissante pièce.

893 — Têtes d'hommes et de femmes. Deux feuilles contenant huit pièces. In-fol. Très belles épreuves. Toutes marges. 2

894 — Réunion dans un parc. — Buste de jeune femme. — Comédiens. — Jeune garçon. — Têtes de femmes. In-fol. Belles épreuves. 5

895 — Portrait de *Watteau*. Médaillon entouré des Grâces et des Amours qui versent des pleurs sur son tombeau. Frontispice du second livre des Figures de différents caractères (13). In-fol., par Boucher. Très belle épreuve. Toute marge.

WILLE (d'après P.-A.)

896 — L'Essai du Corset. In-fol., par Dennel. Très belle épreuve.

WINKELES

897 — Intérieur de la grande salle de concerts de la Société Félix Méritis, à Amsterdam. In-fol. Très belle et rare épreuve avant la lettre. Marge.

WOLFF

898 — Les Pommes de terre. Ovale, in-fol. Très belle épreuve, en couleur, de cette amusante pièce grivoise.

Grande Imprimerie du Centre. — Herbin. Montluçon.

www.ingramcontent.com/pod-product-compliance
Ingram Content Group UK Ltd.
Pitfield, Milton Keynes, MK11 3LW, UK
UKHW020353180726
13839UKWH00003B/1076